KB037757

조선사 아는 척하기

조선사 아는 척하기

정구선 지음

팬덤북스

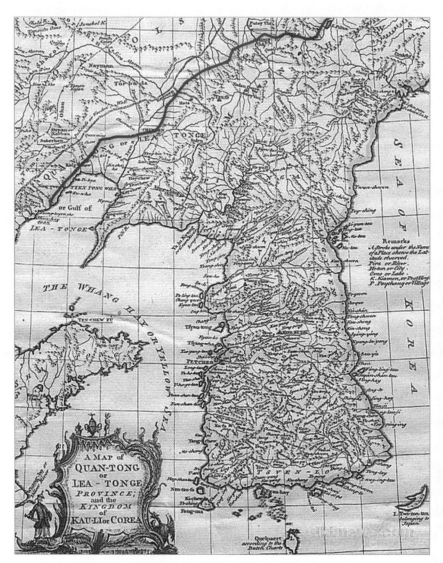

▲ 1745년 영국 지도 제작자 토머스 키친이 그린 조선 지도

▲ 1749년 프랑스 지리학자 당빌이 제작한 조선 지도

▲ 조선 영조 시대 정상기가 그린 〈동국지도〉를 필사한 〈동국대지도〉(1755~1757)

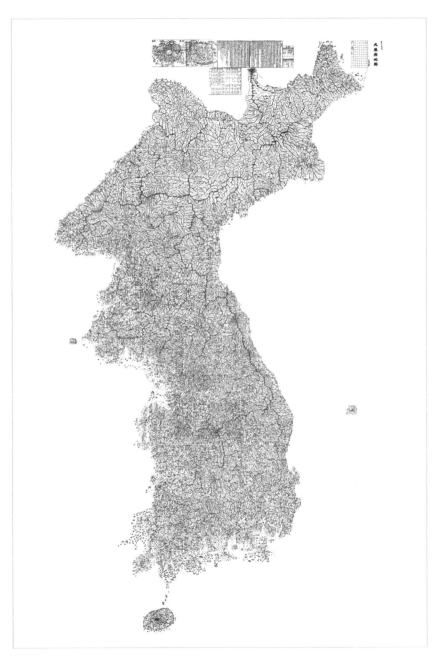

▲1861년 김정호가 그린 〈대동여지도大東輿地圖〉

 조선 시대라 하면 고루하고 답답한 시대였다고 생각하기 쉽지만 사실은 아주 흥미로운 시기였다. 《조선왕조실록》을 찬찬히 읽다 보면 조선의 속살이 그대로 드러난다. 그야말로 우리가 미처 보지 못하고 그냥 지나친, 야사보다 재미있는 이야기들이 쏟아져 나온다. 마치 "세상에 이런 일이!"라고 놀랄 정도의 역사가 가득하다.

 이 책은 실록 속에 숨어 있는 흥미진진하고 황당한, 때로는 놀라운 역사를 정리하여 담아낸 이야기보따리다. 책에 실린 이야기를 통해 조선의 생생한 역사 속으로 한 발짝 가까이 다가가 그동안 감추어진 속살을 들여다볼 수 있으리라 믿는다. 나아가 조선 시대, 조선 사람들에 대하여 좀 더 폭넓게 이해하는 계기가 되었으면 한다.

 특히 당시 일화들에는 현재와 비슷한 내용이 많으므로 과거와 현재의 상황을 비교하여 타산지석으로 삼는 기회가 되었으면 좋겠다. 그런 점에서 《조선사, 아는 척하기》는 우리가 제대로 몰랐던 조선시대의 민낯들을 재미난 일화를 통해서 들려주면서, 복잡하고 따분하게 읽히는 조선왕조실록이 독자에게 편하게 아는 척할 수 있는 역사책이 되는 데 도움이 될 것이다.

아울러, 책의 기본 배경은 조선 건국 직후인 태조 때부터 3대 태종 때까지이다. 해당 시기의 국왕과 왕실, 관료, 백성, 명나라 사신과 관련된 역사로 이루어져 있으며, 후대 왕의 연간에서 관련 일화를 첨부하기도 했다. 고어나 한자어, 지명 등은 가급적 알기 쉬운 현대어와 현재의 명칭으로 바꾸었다. 배경이 되는 세 왕의 연간은 태조 1년1392~7년1398, 정종 1년1399~2년1400, 태종 1년1401~18년1418이다. 본문에서는 세 왕이 아닌 왕에만 서기를 표기하였다. 날짜는 당시의 관행에 따라 모두 음력으로 표기했다.

2018년 9월,

정구선

신생 왕조를 지킨다는 명분으로 조선 개국 공신들은 망한 고려 왕조의 자손들을 숙청하거나 귀양을 보냈다.

1

개국공신들,
고려 왕족을 몰살하라

고려를 멸망시키고 조선을 건국한 공신功臣들은 고려 왕실의 후예인 왕씨王氏들이 살아 있는 한 편히 발을 뻗고 잠을 잘 수가 없었다. 힘들여 창업한 조선 왕조를 왕씨들이 몰래 거사를 꾸며 거꾸러뜨릴 수도 있다는 두려움에 떨어야만 했을 테니까. 마침내 그들은 모반을 도모했다는 허무맹랑한 구실을 꾸며 내어 왕씨들을 일망타진하고자 하였다.

개국 공신들은 조선을 건국하자마자 왕씨들을 모두 제거하고 싶었겠지만 물리적으로나 명분상으로 어려운 일이었다. 우선 왕씨들을 수도인 개성에서 내쫓아 지방으로 보내기로 했다. 건국한 지 3일

만인 태조 1년 7월 20일에 갑자기 개성 등에 살고 있던 왕씨들을 강화도와 거제도로 몰아넣었다. 다만 조선 건국에 공이 있는 순흥군順興君 왕승王昇과 그의 아들 왕강王康은 그대로 개성에 살게 하였다.

고려의 마지막 왕인 공양왕恭讓王 왕요王瑤는 군君으로 강등하여 강원도 고성에 안치하고 주거를 제한했다. 왕요의 동생 왕우王瑀는 귀의군歸義君으로 삼아 경기도 연천에 머물게 하여 왕씨의 제사를 받게 했고, 고려의 마지막 왕대비 안씨安氏는 의화궁주義和宮主로 봉하였다.

왕씨들을 섬으로 보낸 뒤에도 마음이 놓이지 않았던 조선 공신들은 드디어 일거에 제거할 계획을 세우고 즉시 실행에 옮겼다. 계획이란 고려의 왕족들을 모반 음모로 얽어매는 것이었다. 《태조실록》에 나와 있는 사건의 전말을 보면 조작이라는 사실을 금방 알 수 있다.

나중에 어마어마한 모반으로 비화한 사건의 발단은 사소한 일에서 비롯되었다. 경상도 동래 현령縣令 김가행金可行과 염장관鹽場官 박중질朴仲質 등이 국가의 안위와 왕씨의 명운을 걸고 밀양의 맹인 이흥무李興茂에게 점을 치게 한 일이 시작이었다. 나중에 발각되자 이흥무를 체포해서 순군옥巡軍獄에 가두고 대간臺諫과 형조刑曹에게 조사하게 하니 죄를 실토하였다. 김가행과 박중질 등이 참찬문하부사參贊門下府事 박위朴葳의 지시를 받고 와서 이흥무에게 점을 치게 하였다는 자백이었다. 점의 내용은 이러했다.

"고려 마지막 왕인 공양왕과 조선 태조 이성계李成桂 중 누구의

〈태조실록太祖實錄〉
태조 원년(1392)부터 7년(1398)까지 7년간의 역사를 편년체로 기록한 사서, 국보 제151호

명운이 낫겠는가? 또 왕씨 가운데서 누가 명운이 귀한 사람인가?"

이흥무가 점을 치고 답하였다.

"남평군南平君 왕화王和의 명운이 귀하고, 그 아우 영평군鈴平君 왕거王琚가 그다음입니다."

사실 고려 왕족들이 직접 개입한 흔적도 없었고, 더구나 모반과는 아무런 관련이 없었다. 그럼에도 조선 조정에서는 즉시 모반 사건으로 규정하고 왕씨들을 일망타진할 빌미로 삼고자 하였다. 이흥무의 자백이 나온 직후 박위를 옥에 가두었고, 김가행과 박중질을 경상도에서 잡아 와 국문鞫問하였으며, 왕화와 왕거를 안동에 있는 옥에 가두었다. 국문을 받은 김가행, 박중질, 이흥무 등은 곤장을 쳐서 변방 고을에 귀양을 보냈다.

반면 박위는 태조가 용서하여 복직시켰다. 김가행 등을 보내어 이흥무에게 점을 치게 한 것은 대역大逆을 도모한 일이라 용서할 수 없다는 대간의 주장에도 불구하고, 박위가 위화도 회군의 공신이고 대마도에서 왜구를 크게 무찔러 태조의 신임을 받고 있었기 때문이다. 태조는 다음과 같이 변호하였다.

"박위가 비록 본래부터 배반할 마음이 있었더라도 지금 내가 높은 작위를 주어서 대우하기를 후하게 하였다. 어찌 변고를 감히 도모했겠는가? 박위 같은 인재는 쉽사리 얻을 수가 없다."

태조는 왕씨의 모반은 전혀 생각하지도 않았고, 박위가 대역을 도모했다는 것도 믿지 않았음을 알 수 있다. 만약 박위가 대역을 도모했다면 도저히 살려 둘 수 없는 중대한 사안이었다. 태조는 처음에는 소극적인 태도를 보였으나, 신하들의 열화와 같은 강권에 밀려 나중에는 받아들이지 않을 수 없었다. 이것만 봐도 왕씨 모반 음모는 조작된 사건임이 짐작된다.

그 후 대간에서 왕화, 왕거, 김가행, 박중질 등을 수원부水原府에 모아 국문하여 섬으로 귀양을 보내야 한다고 주장했으나 임금의 윤허를 받지 못했다. 그러자 대간과 형조에서 다시 다음과 같이 요청하였다.

"박중질과 김가행이 점친 것은 공양군이 있기 때문입니다. 그 외의 왕씨들이 혹은 서울에서, 혹은 서울 근교에서 거리낌 없이 행동하니 매우 염려스럽습니다. 하물며 왕강과 왕격은 지모와 계략이 남보다 뛰어나고, 왕승보王承寶와 왕승귀王承貴는 사납고 용맹스러움이 남보다 뛰어납니다. 모두 능히 재주를 믿고 화란禍亂을 일으킬 만한 사람들입니다. 그들은 마음속에 불측한 생각을 품고 틈을 엿보고 있는데, 다만 기회가 없었을 뿐입니다. …… 고려의 태조가 후손에게 훈계를 전하면서 백제 사람을 쓰지 말라고 했습니다. 지난번에 후손들이 훈계를 준수했더라면 전주 사람인 전하께 어찌 오늘이 있겠습니까? 옛날의 군주가 어물어물하고 속히 결단하지 못하여 화란을 초래한 것은 전하께서 일찍이 들으신 바입니다. 원하옵건대 전하께서는 즉시 공양군 삼부자를 처형하고 왕강, 왕격, 왕승보, 왕승귀와 그들의 아우와 조카들까지 모두 해도海島로 내쫓으십시오. 강화에 안치한 왕씨들도 또한 해도로 귀양 보내어 백성들의 근심하고 의심하는 마음을 근절하게 하십시오."

역시 화란을 미연에 방지하게 위해 왕씨들을 처리해야 한다는 점을 강조하고 있다. 이른바 모반이란 어디까지나 꾸며 낸 구실에 불과했음을 알 수 있다.

이번에도 임금이 윤허하지 않자 대간과 형조의 관원들이 모두 정무를 보지 않았다. 임금은 마침내 왕강 등을 불렀다.

"경들은 국가에 공로가 있어 귀양을 보내지 않았다. 지금 대간의 건의를 내가 따르지 않자 모두 정무를 보지 않아 마지못하여 따르게 된다. 경들은 각자 귀양지로 돌아가라. 나도 또한 경들의 공로를 잊지 않겠다."

임금은 그들에게 술을 내려 주고 나서 왕강은 충청도 공주로, 왕격은 함경도 안변으로, 왕승보는 함경도 영흥으로, 왕승귀는 경상도 합포로 귀양을 보냈다. 그제야 대간과 형조에서 정무를 보았다.

왕격 등이 귀양에 처해진 날 모반 사건에 연루된 사람들에 대한 국문이 다시 진행되었다. 먼저 이흥무, 왕화, 중 석능釋能, 김가행 등을 국문하였다. 그들이 진술한 내용을 보면 대체로 다음과 같다.

조선 왕조가 건국된 직후인 1392년 9월 남평군 왕화가 거제로 들어가기 전에 창원의 유배지에서 이흥무를 만나, 공양군을 다시 왕으로 세우는 일의 가부와 자기의 명운을 점치게 하였다. 이흥무가 점을 친 후 말하였다.

"왕화는 섬에 들어간 지 3년 후에는 나오게 되고, 47세나 48세에 이르러 호운好運이 들어와서 50세 이후에는 장수가 되어 군사를 거느리고, 반드시 대인大人이 될 것이다."

동행한 왕화의 삼촌인 석능이 자기의 길흉을 묻자 이흥무가 답했다.

"왕사王師가 될 명운이다."

중승中丞 박신朴信이 수원에서 올라와 이 같은 진술을 임금에게 아뢰었다. 임금은 정승들과 의논하여 모반 사건에 연루된 자들에 대한 처벌 수위를 결정하였다. 왕화, 왕거, 김가행, 박중질, 이흥무 등은 참수하고, 왕우와 박위는 특별히 사면하며, 석능은 거제도에 안치하도록 하였다. 고성에 안치했던 공양군 삼부자는 삼척으로 옮겨 안치하였다. 박위는 대간이 다시 탄핵하자 임금이 마지못해 파직하였다.

그 후 대간이 다시 왕씨들을 모두 제거토록 여러 번 청했으나 윤허하지 않았다. 당시 대간은 상소를 올려 공양군 부자와 나머지 왕씨들을 모두 없애 버리라고 강력하게 요청하였다.

"지난번에 상소를 통해 그들을 벌하기를 청하여 무리의 일부가 참수형을 당했습니다. 하지만 남은 무리들이 각처에 모여 있습니다. 만약 위급한 일이 있으면 불측한 환란이 발생할까 두렵습니다. 전傳에 이르기를 "사람이 궁지에 처하면 계획을 세운다" 하였습니다. 원하옵건대 전하께서는 깊이 이를 염려하여 대의로써 결단하십시오. 즉시 관청으로 하여금 공양군 부자와 여러 왕씨들을 잡아 모두 영원히 끊어 없애 버린다면 종사宗社에 매우 다행하겠습니다."

청이 받아들여지지 않자 대간은 대궐 문 앞에 엎드려 여러 날 동안 힘써 간하기에 이르렀다. 임금은 "왕씨를 제거하는 일은 내가 차마 할 수 없는 바이다"라 하면서 모든 관리들과 원로들은 각기 자신들의 견해를 글로 써서 단단히 봉하여 바치게 하였다. 동시에 조선 초기의 국정 최고 의결 기관인 도평의사사都評議使司에서도 모든 관리와 원로들을 수창궁壽昌宮에 모아 알리었다.

"고려의 왕씨는 천명이 이미 가 버리고 인심마저 떠나서 스스로 하늘이 하는 주벌誅伐을 초래하였는데, 전하께서는 호생지덕好生之德으로써 생명을 보전해 주었으니 은덕이 지극히 중하다. 그런데도 왕씨들은 도리어 의심을 내고 몰래 반역을 도모하여 국법상 용납될 수가 없다. 왕씨들을 처리해야 한다고 생각하는 사람은 단단히 봉하여 아뢰도록 하라."

호생지덕이란 사형에 처할 죄인을 특별히 살려 주는 제왕의 덕을 말한다. 이에 대부분의 관리들과 원로들이 왕씨를 모두 제거하여 후일의 근심을 막아야 한다고 아뢰었다. 의견들을 모아 도평의사사에서 임금에게 건의하였다.

"마땅히 여러 사람의 의논에 따라야 될 것입니다."

임금도 거부할 수가 없어 왕씨들을 모조리 죽이라는 지시를 내리기에 이르렀다.

"왕씨를 처리할 일은 모두 각 관리들이 봉해 올린 글에 의거하도록 하라."

다만 왕우 삼부자는 조상의 제사를 맡았다는 이유로 특별히 사면토록 하였다.

임금은 중추원中樞院 부사副使 정남진鄭南晉과 형조 의랑議郎 함부림咸傅霖을 삼척에, 형조 전서典書 윤방경尹邦慶과 대장군大將軍 오몽을吳蒙乙을 강화도에, 형조 전서 손흥종孫興宗과 첨절제사僉節制使 심효생沈孝生을 거제도에 각각 보내어 왕씨들을 제거하도록 하였다. 그리하여 고려 왕족의 후예들인 왕씨들에 대한 무자비한 숙청이 대대적으로 벌어지게 되었다.

왕씨 제거의 첫 희생자는 공양군이었다. 왕씨들을 죽이라는 명령에 따라 태조 3년 4월 삼척의 공양군에게 교지를 전하고 두 아들과 함께 교살하였다. 이때 내린 임금의 교지는 다음과 같았다.

"신민臣民이 추대하여 나를 임금으로 삼았으니 실로 하늘의 운수요. 군君을 관동에 가서 있게 하고, 나머지 동성同姓들도 각기 편리

한 곳에 가서 생업을 보호하게 하였소. 그런데 동래 현령 김가행과 염장관 박중질 등이 반역을 도모하고자 군과 친척의 명운을 장님 이흥무에게 점쳤다가 발각되어 자백하였소. 군은 비록 알지 못하지만, 일이 이런 지경에 이르러 대간이 상소로 청하기를 12번이나 하였소. 여러 날 동안 군이 다투었고, 대소 신료들이 또 글을 올려 간하므로 내가 마지못하여 억지로 그 청을 따르게 되었소. 군은 이 사실을 잘 아시오."

태조는 신하들의 간청을 이기지 못하여 마지못해 공양군 부자를 죽인다고 변명하였다.

며칠 뒤에는 손흥종 등이 강화도와 거제도에 있던 왕씨 일족을 바다에 던져 죽였다. 그리고 나서 중앙과 지방에 있는 왕씨의 남은 자손을 대대적으로 수색하여 모두 목 베어 죽였다.

왕씨에 대한 처리가 마무리되자, 다른 나라로 달아나거나 반역을 음모할 가능성이 있다며 왕우 삼부자를 강화도에 안치해야 한다고 간관諫官들이 주장하였다. 임금은 끝내 윤허하지 않았다. 이리하여 나머지 왕씨들은 모두 죽임을 당하고 왕우 삼부자만이 겨우 목숨을 부지하게 되었다.

신생 왕조를 지킨다는 명분으로 망한 왕조의 자손들을 숙청하는 피바람이 한동안 거세게 몰아쳤다. 대대적인 학살이 이제 막 태어난 왕조를 키우기 위한 어쩔 수 없는 선택이었다고 하더라도 속절없이 죽어야 했던 왕씨들의 비극은 무엇으로 보상한단 말인가.

고려 왕실의 후손들은 체포되지 않기 위해서 왕이라는 성은 물론, 이름까지도 바꾸고 살아야만 했다.

2
태조 이성계, 고려 왕씨 성을 개명하게 했다?

　고려 왕족들을 모조리 숙청한 조선 왕조에서는 백성들이 왕씨 성을 일절 쓰지 못하게 하였다. 왕씨 성을 가지고 있는 사람들은 어머니의 성을 따르게 하고, 고려 왕조에서 왕씨 성을 하사받았던 사람들은 모두 원래의 성을 따르게 하였다.

　건국 직후 고려 왕실의 후손인 왕씨들은 거의 죽임을 당했으나, 용케 살아남아 목숨을 부지한 이들도 있었다. 그들은 체포되지 않기 위하여 왕이라는 성은 물론 이름까지도 바꾸고 살아야만 했다. 조선 당국의 집요한 추적은 그들을 그대로 두지 않아 도피하다가 잡혀 죽은 이들도 많았다.

태조 이성계 어진

태조 6년 12월 왕씨의 서자인 백안伯顏, 연금延金, 금만金萬 등 세 사람이 성과 이름을 바꾸고서 서울과 지방을 돌아다니다가 붙잡혀 국문을 당하고 참수되었다. 얼마 뒤에도 형조에서 약사노藥師奴를 교살했는데, 역시 왕씨의 서자였다.

왕씨들을 잡아서 죽이다 보니 평소에 감정이 있는 사람이나 엉뚱한 사람을 왕씨라고 무고하는 일도 일어났다. 태조 7년 1월 왕흥도王興道란 자를 왕씨의 서자라고 무고했던 이복양李復陽이란 자가 있었다. 이복양이 대사성 변중량卞仲良에게 고하였다.

"왕씨의 서자 왕홍도란 자가 성을 바꿔 황씨黃氏로 하고 경상도 하양에서 밀양으로 옮겼습니다. 하양 감무 어연魚淵, 밀양 부사 박상경朴尚絅, 판관 권간權簡 등이 이를 알고서도 고하지 않고, 전 지평 이신李申, 교수관敎授官 최관崔關 등은 왕홍도와 더불어 교제하였습니다."

변중량이 임금에게 아뢰었다. 임금이 대간과 형조에 명하여 관련자들을 국문하였다. 왕홍도가 말하였다.

"내가 처음에 성을 왕씨로 하였다가 고려가 멸망한 뒤에 황씨로 다시 고쳤습니다. 사실은 내가 중추원 부사 정탁의 종 이금李金인데, 여러 해 동안 역을 도피하느라고 성명을 왕홍도로 바꾼 것입니다."

정탁을 불러 물어보니 왕홍도의 말이 사실이었다. 임금은 밀양 부사 박상경 등의 관리들을 모두 용서하여 주었다. 다만 하양 감무 어연만은 왕홍도를 왕씨라고 고한 자가 있는데도 끝까지 캐묻지 않았다는 이유로 곤장을 때리고 귀양 보냈다. 무고했다고 하여 형조에서 이복양을 처벌하기를 청하였으나 임금이 용서하였다.

"이복양이 고한 내용이 사실은 아니지만, 왕씨를 황씨로 성을 고친 것은 사실이라 무고로 논할 수 없다."

태종 13년 11월에는 고려 왕족의 후손인 왕휴王烋의 첩이 낳은 아들 왕거을오미王巨乙吾未 사건으로 조정이 떠들썩하였다. 그는 성과 이름을 바꾸어 이양李陽이라 하고 어머니의 오빠인 공주 사람 이밀충李密沖의 집에 숨어 살다가 체포되었다. 그가 잡히자 대간에서는 주살해야 한다고 주장했으나, 임금은 처벌하지 않고 석방해 주었다. 대신 그를 숨겨 주거나 존재를 알고도 신고하지 않은 20여

고려 태조 왕건 초상화
국립문화연구소
왕건(877~943)은 후삼국시대에 후고구려 궁예의 휘하로 들어가 장군으로 지냈지만, 궁예를 몰아내고
918년에 고려를 세우면서 국왕이 된다.

명은 용서하지 않고 귀양 등의 처벌을 내렸다.

왕씨를 찾는 수색과 적발은 한동안 계속되었다. 태종 16년 11월
에 왕상우王上尤와 그의 아우 왕화상王和尙이 오랫동안 도망하다가
체포되기도 했다. 그들은 전 김해 부사 이수李穗의 가노家奴로 숨어
지내고 있었는데, 왕씨가 이수의 여종에게 장가들어 낳은 아들들이
었다. 나중에 왕상우와 아우를 석방하여 본 주인인 이수에게 주고,
그들을 숨겨 준 자들을 처벌하였다.

나라를 빼앗긴 것도 억울한데 목숨까지 잃고 왕씨 성도 버려야 했다. 고려 시조 왕건王建의 후손들은 구천에서도 편히 잠들 수 없었으리라.

태조는 하윤의 건의에 따라 지금의 서울 무악을 새 도읍터로 정하였으나, 대신들 간에 찬반이 엇갈렸다.

3
태조는 무악재 아래 신촌을 조선의 수도로 생각했다?

태조 이성계는 조선을 건국한 직후에는 수도를 그대로 개성에 두었으나, 새로 세운 나라의 면모를 일신하고 민심을 수습하기 위해서는 새로운 곳으로의 천도가 불가피하였다. 수도 후보지로 유력했던 곳은 공주 계룡산 일대와 서울 무악재 아래 신촌 일대였다. 당시 무악이라고 일컬어진 신촌 지역은 최고 명당 중의 한 곳으로 알려져 있었다.

태조는 처음엔 계룡산 밑을 새 수도 후보지로 정하였다. 그는 후보지를 살펴보기 위하여 태조 2년 2월 1일에 출발하여 일주일 뒤인 2월 8일에 계룡산 밑에 도착하였다. 이튿날 임금이 여러 신하들

〈동국대지도東國大地圖〉
조선 영조 때 정상기가 제작한 한국의 옛 지도. 보물 제1538호

을 거느리고 새 수도 예정지의 산수의 형세를 관찰하고서 삼사三司
우복야右僕射 성석린成石璘 등에게 명하였다. 배로 물건을 운반하는
조운漕運의 편리 여부와 길의 험난하고 평탄함, 성곽을 축조할 지세
등을 살피게 하고 먹줄로 땅을 측량하게 하였다. 다음 날에는 임금
이 친히 새 수도 후보지의 높은 언덕에 올라 지세를 살펴보았다.

며칠 후 임금이 계룡산을 떠나면서 예문춘추관藝文春秋館 대학사
大學士 김주金湊 등의 신하들에게 새 도읍의 건설을 감독하게 하였

다. 2월 27일 임금이 계룡산에서 돌아와 3월 24일 마침내 계룡산을 새 수도로 확정하고, 새 수도를 중심으로 81개의 주州, 현縣, 부곡部曲 등을 확정하였다. 몇 달 뒤인 8월 5일 드디어 도성의 공사를 시작하였다.

도읍의 공사가 착착 진행되던 12월에 갑자기 계룡산 아래의 수도 건설을 중지하고 새 수도 후보지를 다시 물색케 하였다. 별안간 공사가 중지된 것에는 경기도 관찰사觀察使 하윤河崙의 주장이 결정적인 작용을 하였다.

"도읍은 마땅히 나라의 중앙에 있어야 하는데, 계룡산은 지대가 남쪽에 치우쳐서 동면, 서면, 북면과는 서로 멀리 떨어져 있습니다. 또한 신이 일찍이 신의 아버지를 장사하면서 풍수 관계의 여러 서적을 대강 열람했는데, 지금 듣건대 계룡산의 땅은 산이 건방乾方에서 오고 물이 손방巽方에서 흘러간다 합니다. 이것은 송나라 호순신胡舜臣이 이른 대로 "물이 장생長生을 파破하여 쇠패衰敗가 곧 닥치는 땅"이어서 도읍을 건설하기에는 적당하지 못합니다."

하윤은 지리적으로나 풍수지리상 계룡산이 새 수도로 적합하지 않다고 주장하였다. 임금은 고려 왕조의 여러 산릉山陵의 길흉을 다시 조사하여 아뢰게 하였다. 풍수지리서인 《제산릉형지안諸山陵形止案》을 통해 계룡산의 산수를 살펴보니 길흉이 모두 맞아 최종적으로 새 수도의 공사를 그만두게 하였다.

공사 중단 사실이 알려지자 중앙과 지방의 백성들이 크게 기뻐하였다고 한다. 임금은 이어서 고려 왕조의 서운관書雲觀에 보관된 풍수지리 관련 비록문서秘錄文書들을 모두 하윤에게 주고 천도할 땅을 다시 살펴서 아뢰게 하였다.

이듬해인 태조 3년 2월에 하윤의 건의에 따라 지금의 서울 무악을 새 도읍터로 정하였으나, 다시 대신들 간에 찬반이 엇갈렸다. 좌시중左侍中 조준趙浚 등이 무악으로부터 돌아와서 아뢰었다.

"무악 남쪽은 땅이 좁아 도읍을 옮길 수 없습니다."

하윤만 홀로 아뢰었다.

"무악의 명당이 비록 협소한 듯하지만, 개성의 강안전康安殿과 평양의 장락궁長樂宮보다는 조금 넓은 편입니다. 또한 고려 왕조의 비록과 중국에서 통용되는 풍수지리의 법에도 모두 부합합니다."

그러자 임금은 직접 보기를 원하였다.

"내가 친히 보고 정하고자 한다."

그해 8월 8일에 임금이 직접 무악 땅을 돌아보고 그곳에서 유숙하였으나, 수도 적합성을 두고 여전히 여론이 분분하였다. 특히 서운관 관리들이 모두 무악에 반대 입장을 나타내었다. 판서운관사判書雲觀事 윤신달尹莘達과 서운관 부정副正 유한우劉旱雨 등이 임금 앞에 나와서 말하였다.

"풍수지리의 법으로 보면 여기는 도읍이 될 수 없습니다."

"여기가 좋지 못하면 어디가 좋으냐?"

"신은 알지 못하겠습니다."

임금이 노하여 말하였다.

"네가 서운관 관원이 되어서 모른다고 하니 누구를 속이려는 것인가? 개성의 지기가 쇠하였다는 말을 너는 듣지 못하였느냐?"

"그것은 도참   으로 말한 바이며, 신은 단지 풍수지리만 배워서 도참은 잘 모릅니다."

도참이란 앞날의 길흉을 예언하는 술법을 말한다.

"옛사람의 도참 역시 풍수지리로 인해 말한 것이다. 어찌 터무니없이 근거 없는 말을 했겠느냐? 그러면 너의 마음에 쓸 만한 곳을 말해 보아라."

"신의 생각으로는 명당의 지덕   이 아직 쇠하지 않은 듯합니다. 다시 궁궐을 지어서 그대로 개성에 도읍을 정하는 것이 좋을까 합니다."

임금은 결국 한 발 물러서지 않을 수 없었다.

"내가 장차 도읍을 옮기기로 결정했다. 만약 가까운 지경에 다시 길지 가 없다면 삼국 시대의 도읍도 길지가 됨 직하니 합의해서 알리라."

임금이 다시 좌시중 조준과 우시중   김사형   에게 말하였다.

"서운관이 고려 말기에 개성의 지덕이 이미 쇠했다며 여러 번 상서   하여 한양으로 도읍을 옮기자고 하였다. 근래에는 계룡산이 도읍할 만한 땅이라고 해서 백성을 동원하여 공사를 일으키어 그들을 괴롭혔다. 이제 또 여기 무악이 도읍할 만한 곳이라 하여 와서 보거늘 유한우 등의 말이 좋지 못하다 한다. 도리어 개성 명당이 좋다고 하면서 서로 논쟁을 하여 국가를 속인다. 이것은 일찍이 징계

하지 않은 까닭이다. 경들이 서운관 관리들로 하여금 각각 도읍 될
만한 곳을 말해서 알리게 하라."

겸판서운관사 兼判書雲觀事 최융 崔融과 윤신달, 유한우 등이 글을
올렸다.

"우리나라 안에서는 개성이 첫째요, 한양이 다음입니다."

임금은 여러 재상들에게 분부하여 각각 도읍을 옮길 만한 터를
글월로 올리게 하였다. 명을 받은 판삼사사 判三司事 정도전 鄭道傳이
말했다. 풍수지리는 믿을 것이 못 되고, 무악은 지나치게 좁으며, 경
주와 전주, 평양 등은 지리적으로 너무 한쪽에 치우쳐 있어 수도로
적합하지 않다는 의견이었다. 정도전의 의견에 반하여 문하시랑찬
성사 門下侍郞贊成事 성석린과 정당문학 政堂文學 정총 鄭摠 등은 도선 道詵
스님이 말한 명당인 개성을 그대로 수도로 하자고 주장하고 나섰
다. 하윤은 여전히 풍수지리상 무악이 최적지라고 주장하였다.

논쟁이 이어지던 8월 13일 임금은 왕사인 무학대사 無學大師 자초
自超와 여러 신하들의 의견을 들어 최종적으로 무악을 버리고 고려
시대에 남경이라 불렸던 한양을 도읍으로 정하였다. 당시 한양은
지금의 서울보다 훨씬 작은 4대문 안에 국한된 지역을 가리켰다.

임금이 한양의 옛 궁궐터와 집터를 살피다가 윤신달 등에게 물
었다.

"여기가 어떠냐?"

"우리나라 경내에서는 개성이 제일 좋고 여기가 다음으로 좋지
만, 한스러운 바는 북쪽인 건방이 낮아서 물과 샘물이 마른 것뿐입

니다."

임금이 기뻐하면서 말하였다.

"개성인들 어찌 부족한 점이 없겠는가? 이제 이곳의 형세를 보니 왕도   가 될 만한 곳이다. 더욱이 조운하는 배가 통하고 사방으로 통하는 거리도 비슷해서 백성들에게 편리할 것이다."

임금이 왕사 자초의 의견을 물었다.

"여기는 사면이 높고 수려하며 중앙이 평평하여 성을 쌓아 도읍을 정할 만합니다. 그러나 여러 사람의 의견을 따라서 결정하십시오."

임금이 여러 재상들로 하여금 의논하게 하자 모두들 말하였다.

"꼭 도읍을 옮기려면 이곳이 좋습니다."

하윤이 홀로 끝까지 반대하였다.

"산세는 비록 볼 만한 것 같으나, 풍수지리의 술법으로 말하면 좋지 못합니다."

임금은 여러 신하들의 의견에 따라 한양을 도읍으로 정하기로 결심하였다.

8월 24일 도평의사사에서 한양을 새 수도로 정하자는 방안을 올리고 임금이 윤허함으로써 마침내 천도에 관한 논란이 마무리되고 한양이 최종적으로 수도로 정해졌다. 도평의사사에서 올린 글을 보면, 풍수지리상으로도 좋지만 나라의 한복판에 자리 잡아 교통과 조운에 유리하여 수도로 확정하였다는 것이다.

"옛날부터 임금이 천명을 받고 일어나면 도읍을 정하여 백성을 안주시키지 않음이 없었습니다. …… 전하께서는 큰 덕과 신성한

〈도성도都城圖〉, 1788~1800, 서울대학교 규장각 한국학연구원

공으로 천명을 받아 의젓하게 한 나라를 세우시고, 또 제도를 고쳐서 만대의 국통國統을 세웠습니다. 마땅히 도읍을 정하여 만세의 기초를 잡아야 할 것입니다. 한양을 보건대 안팎 산수의 형세가 훌륭한 것은 옛날부터 이름났고, 사방으로 통하는 도로의 거리가 고르며, 배와 수레도 통할 수 있습니다. 여기에 영구히 도읍을 정하는 것이 하늘과 백성의 뜻에 맞을까 합니다.”

일주일 후인 9월 1일 임금은 신도궁궐조성도감新都宮闕造成都監을 설치하고 담당 관리들을 임명하였다. 이어서 정도전 등에게 한양의 종묘, 사직, 궁궐, 시장 등의 터를 정하게 하였다. 그러고서 10월 25

일에 한양으로 수도를 옮겼다. 사흘 뒤 한양에 도착한 태조는 아직 새 궁궐이 지어지지 않아 옛 남경의 객사를 이궁離宮으로 삼아 거처하였다.

계룡산에 이어 무악으로 옮기려던 조선 왕조의 수도는 허다한 우여곡절을 겪은 끝에 한양으로 최종 낙착되기에 이르렀다. 하마터면 한양이 아니라 계룡산 일대나 무악이 조선 왕조의 수도가 될 뻔한 순간들의 연속이었다.

조선을 건국한 이성계와 사대부들은 풍수지리설도 고려하였지만, 행정상의 효율성과 백성의 편안함 등에 주안점을 두고 다소 지루하다고 할 정도로 치열하고도 신중한 논의를 거쳐 수도를 결정하였다. 무엇보다 눈앞의 정치적 이해득실보다는 국리민복國利民福에 초점을 맞추고 신료들의 여론을 두루 수렴하여 결론을 내렸다는 사실을 잊지 말아야 하겠다.

"우리의 자손에게 이르기까지 대대로 이 맹약을 지킬 것입니다. 혹시 변함이 있으면 신이 반드시 죄를 줄 것입니다."

4
태조는
개국 공신들에게
맹약을 강요했다?

조선은 이성계가 혼자 건국한 나라가 아니라 수많은 개국 공신들이 함께 이룩한 공동 정부였다. 공동 정부의 성공을 위해서는 구성원들의 결속과 단결이 무엇보다 필요하다.

조선 왕조에서는 건국 직후인 1392년 8월에 공신도감功臣都監을 설치하고 모두 43명의 개국 공신을 확정했다. 그들은 조선 건국에 핵심적인 역할을 한, 그야말로 실세 중의 실세들이었다. 1등 개국 공신은 배극렴裵克廉, 조준, 정도전, 남은, 이지란李之蘭 등 16명이다. 2등은 박포朴苞 등 11명, 3등은 이직李稷 등 16명이다.

개국 공신들에게는 논공행상論功行賞에 따라 고위 요직이 부여되

정도전(1342~1398)의 초상화

고, 막대한 토지와 노비가 내려졌다. 권력과 부와 명예가 한꺼번에 주어진 것이다. 목숨을 걸고 쟁취한 영예를 그 누가 함부로 버리겠는가.

오늘날도 새로운 정권을 탄생시키는 데 큰 공을 세운 사람들이 모여서 서로 간의 긴밀한 협력을 다짐하는지는 잘 모르겠다. 조선을 건국한 개국 공신들은 왕조를 오랫동안 유지함으로써 어렵게 획득한 기득권을 끝까지 지키기 위한 맹약을 하였다. 겉으로는 끈끈한 유대 관계의 강화를 내세운 맹약은 개국 공신으로 책봉된 1개월 후에 이루어졌다. 당시 문하부 좌시중에 오른 배극렴 등의 개국 공신들이 왕세자와 여러 왕자들이 회동한 자리에서 맹세하였다.

"우리 주상 전하께서는 하늘의 뜻에 응하고 사람의 마음에 따라서 대명大命을 받았으므로 신들이 힘을 합하고 마음을 같이하여 함께 큰 왕업을 이루었습니다. 이미 일을 같이했으므로 함께 한 몸이 되었으니, 다행함이 이보다 큰 것이 없습니다. 그러나 '누구나 처음은 있지만 종말은 있기 드물다'고 옛날 사람이 경계한 바 있습니다."

그들은 대업을 같이한 사람들은 마땅히 다음과 같은 약속을 지켜야 한다고 약속하였다. 맹약의 내용은 현대인들에게도 많은 시사점을 던져 주리라 생각한다.

"임금을 성심으로 섬긴다.
친구를 신의로 사귄다.
부귀를 다투어 서로 해치지 않는다.
이익을 다투어 서로 꺼리지 않는다.
다른 사람의 이간하는 말로 생각을 움직이지 않는다.
말과 얼굴빛의 조그만 실수로 마음에 의심을 품지 않는다.
등을 돌려서는 미워하면서도 얼굴을 맞대서는 기뻐하지 않는다.
겉으로는 서로 화합하면서도 마음속으로는 멀리하는 짓을 하지 않는다.
과실이 있으면 바로잡아 준다.
의심이 있으면 물어본다.

〈공신회맹문功臣會盟文〉, 태종 4년(1404), 국립중앙박물관

질병이 있으면 서로 부조한다.
환란이 있으면 서로 구원해 준다."

서로 맹세한 다음 끝으로 약속이 자손 대대로 이어질 것을 기대
하였다.

"우리의 자손에게 이르기까지 대대로 이 맹약을 지킬 것입니다.
혹시 변함이 있으면 신神이 반드시 죄를 줄 것입니다."

동시에 개국 공신들의 자손과 동생, 사위들도 서로 모여 충효계忠
孝契를 맺고 맹약을 지킬 것을 서약하였다.

개국 공신들뿐만 아니라 자신의 자손들도 영원히 협력하고 유대를 공고히 하자고 맹세하였다. 하지만 얼마 지나지 않아 왕자의 난 등으로 인해 곧 산산조각 나 버리고 말았다. 정치인들이나 권력자들의 신의나 약속은 영원하지도 않고, 믿을 바도 못 된다는 사실을 다시금 느끼게 한다.

아일조회는 대략 4시 35분경에, 대조회는 대략 새벽 3시경에 열렸다.

5
조선 시대에는 새벽형 인간이 출세했다

조선 시대에는 새벽에 임금과 신하들이 참석하는 궁중 조회가 열렸다. 새벽에 여는 조회로는 아일조회日朝會와 대조회大朝會가 있었다. 그 밖에도 매일 아침이나 저녁에 열리는 상참常參 등이 있었다. 궁중 조회는 신하들이 임금에게 인사를 드리면서 중요한 정무를 보고하고 임금이 결정하는 정사政事를 행하는 자리였다.

새벽에 열리는 아일조회는 아조衙朝, 또는 조참朝參이라 했다. 건국 초기에는 5일마다 열려 매달 6번씩 하다가 나중에는 매달 4번으로 줄어들었다. 매달 6번씩 할 경우 1일, 6일, 11일, 16일, 21일, 26일에 열렸다.

태조 5년 10월부터는 아일조회 시에 5경更 4점點에 신하들을 대궐 문에 모이게 하였다. 5경 4점이면 대략 새벽 4시 35분경이다. 음력 10월의 일출 시간이 대략 오전 7시경이므로 상당히 이른 시간에 모였던 셈이다. 일단 대궐 문에 모였다가 궁전으로 가서 정렬하는 시간이 걸렸을 테니, 아마도 새벽 5시경에 조회가 시작되었을 것이다. 일출 시간이 가장 이른 음력 4월에는 5시 10분경 해가 뜨고, 가장 늦은 음력 1월에는 7시 30분경에 해가 뜬다. 어쨌든 아일조회는 해뜨기 전에 열렸던 것으로 보인다.

새벽에 여는 조회로는 아일조회 외에도 대조회가 있었다. 매달 초하루와 보름의 새벽에 정1품에서 종9품까지의 모든 문무백관文武百官들이 궁전에 모여 임금에게 문안드리고 정사를 아뢰어 결재를 받는 큰 조회였다. 대조회 시는 5경 1점에 백관들이 대궐 문에 모이게 하였다. 5경 1점이면 대략 새벽 3시경이어서 아일조회보다 훨씬 이른 시간에 열렸다. 그야말로 꼭두새벽에 대조회를 열었던 것이다.

새벽 3시까지 대궐에 도착하려면 2시경에는 기상해야 한다. 그만큼 저녁 일찍 잠자리에 들어야 했다. 그러니 조선의 관리들은 자연히 일찍 자고 일찍 일어나는 습관이 생활화되어야만 했다. 조선에서 관리로 출세하려면 모름지기 아침형 인간을 넘어 새벽형 인간이 되어야 했다. 올빼미형 인간은 절대 출세할 수 없었을 것이다.

새벽에 여는 조회는 신하들은 물론 임금에게도 고역이었나 보다. 태조 7년 윤5월 어느 날 이른 새벽에 임금이 조회를 열었다. 대간

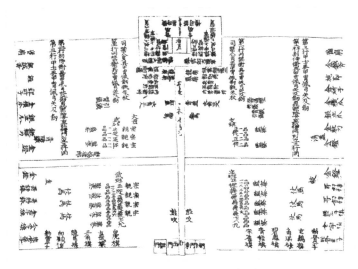

〈근정문조참지도勤政門朝參之圖〉, 성종 5년(1474)

에서 임금이 조회를 하지 않는다고 지적했기 때문이라고 한다. 이
날 임금이 근정전에 앉아 대궐 뜰에 화롯불을 피우게 하고 도
승지에게 명하였다.

"의정부와 중추원의 관리들 중 정사에 관하여 말할 사람은
바로 나와 나의 면전에서 아뢰고 정오가 되어 북이 울리면 물러가
게 하라."

윤5월인데도 어둡고 추우니까 화롯불까지 피워 놓고 조회를 했
던 것이다. 새벽에 시작한 조회는 정오까지 이어졌다. 참석한 임금
이나 신하들이 모두들 싫증을 내었을 것이다.

며칠 후에도 새벽에 조회를 하며 임금의 면전에서 중요한 정책을 직접 아뢰게 하였다. 임금이 이른 새벽에 근정전에 앉았는데, 예관禮官이 신하들에게 절을 하여 예를 갖추는 배례拜禮를 하라고 외쳤다. 임금이 이를 중지하라고 명하였다.

"아일에 조회를 할 때는 반드시 배례를 받기 위함이 아니다."

임금이 예조禮曹에 명하였다.

"각 관청의 자질구레한 사무는 모두 친히 결재하지는 않을 것이다. 나라를 다스리고 백성을 다스리기 위해 말할 만한 일은 마땅히 각기 면전에서 아뢰게 하라."

모든 관리들이 모두 황공하여 감히 나오지 못하였다. 임금이 정도전에게 물었다.

"내가 말한 것이 어떠한가?"

"옳습니다."

"여러 신하들이 일찍이 내가 조회를 보지 않는다고 책망하였다. 오늘은 어찌 한 사람도 면전에서 아뢰는 이가 없는가?"

임금이 신하들을 꾸짖자 정도전이 답했다.

"신이 속된 말로 비유한다면 이렇습니다. 벗들이 연회할 적에 서로 화답하고자 하더라도 먼저 노래를 부르기란 실로 어렵습니다. 하물며 임금 앞에서 정사를 아뢰기가 어찌 쉽겠습니까?"

"그렇구나."

그러고 나자 비로소 대사헌 성석용成石瑢과 형조 전서 유관柳觀이 나서서 정무를 아뢰었다.

이날의 아조는 해가 뜨기 전에 끝났는데, 아조를 마치면 각 관원들은 자기가 속한 관청으로 출근하였다. 곧바로 출근하지 않고 다른 사무를 보는 사람들은 사유를 사헌부에 알리도록 하였다.

조회를 끝낸 임금은 아직 날이 새지 않아 다시 대궐 안으로 들어갔다. 좌우 정승과 정도전, 의성군宜城君 남은南誾 등을 부른 임금이 누각에 앉아 술자리를 베풀어 모두 거나하게 취할 정도로 마셨다고 한다.

태종 1년 7월에는 아일조회를 새벽 해뜨기 전에 시작해서 해가 뜨면 파하도록 조정하였다. 정오까지 조회를 하기는 무리라고 판단했기 때문으로 보인다. 태종 16년 6월에는 의정부와 중추원의 70세 이상 관원은 아일조회에 참석하지 않아도 된다는 조치를 취하여 연로한 관원들의 어려움을 해소해 주기도 했다. 이런저런 조치들을 보면 꼭두새벽에 조회에 참석하기가 임금과 신하들 모두에게 고역이었음에 틀림없다.

조선 임금은 재상의 부의금으로 쌀과 콩을 섞은 미두 약 200가마를 하사할 정도였으며, 이는 나라 재정에 부담이 갔다.

<u>**6**</u>

조선 시대 임금은 부의금으로 얼마를 냈을까?

　오늘날 우리나라 사람들의 머리를 아프게 하는 것들 중의 하나는 친척이나 지인들의 경조사에 내야 하는 축의금이나 부의금이 아닐까. 이번에는 과연 얼마를 내야 할까가 그야말로 큰 고민거리다. 조선 시대에도 임금들은 종친이나 재상 등의 고위직을 역임한 신하들이 사망하면 부의금을 하사하였다. 부의금만이 아니라 성대하게 장례를 치러 주고 시호 를 내리기도 하였다.

　태종 5년 12월에 제정된 예장식 이라는 법규를 보자.

　"종1품 이상의 대신이 죽으면 예장하고 시호를 주며, 정2품 관원은 시호를 주고 부의를 보낸다. 종2품 관원은 다만 부의만을 준다.

검교정승檢校政丞은 예장을 행하게 한다."

예장은 국왕이나 왕비 등에 대한 국장國葬에 버금가는 장례 의식으로, 나라에서 일체의 장례 비용, 물자, 인부 등을 공급하여 장례를 치러 주었다. 검교란 해당하는 벼슬의 정원 외에 임시로 증원하거나 실제 사무를 보지 않고 이름만 가지고 있게 할 때 그 벼슬 이름 앞에 붙여 이르던 말이다.

2품 이하의 고관이나 종친 등은 비록 예장은 행하지 않더라도 부의나 시호 이외에 장례에 필요한 관이나 석회, 종이 등을 내려 주기도 하였다. 또한 철조輟朝라고 하여 고관들의 죽음을 애도하는 의미에서 3일 내지 5일 동안 대궐에서 행하는 조회를 중지토록 하였다.

그러면 임금님의 부의금은 과연 얼마였을까? 요즈음에는 주로 돈으로 부의금을 내지만, 조선 초기의 임금들은 쌀과 콩을 섞어서 주었다. 관원을 기준으로 1품은 쌀과 콩을 아우른 미두米豆 60~100석, 정2품은 40~50석, 종2품은 30석 이하를 주게 되어 있었다. 미두 1석을 2가마로 치고 1가마를 80kg으로 환산하면 100석은 약 200가마로 16,000kg이다. 당시 재상들은 정말 어마어마한 부의금을 하사받았던 것이다.

이 정도면 지금도 상당히 많은 양인데, 재정 형편이 상대적으로 어려웠던 당시에는 더욱 부담스러운 양이었음에 틀림없다. 재상 등에게 하사한 임금님의 지나친 부의금 때문에 나라 형편이 어려워질 정도였다. 아마도 나라의 허리가 휠 정도가 아니었을까. 이렇게 많은 부의금을 하사한 것을 보면 혹시 부의금을 일종의 퇴직금으로 여기지 않았는지 모르겠다.

국가 재정에 부담이 되자 태종 14년 6월부터는 부의금을 줄이는 조치를 취하지 않으면 안 되었다. 호조戶曹에서도 흉년이나 전쟁에 대비하여 부의금을 줄여야 한다고 건의하였다.

"만약 흉년의 재앙이 있거나 전쟁이 일어나면 걱정하지 않을 수 없습니다. 청컨대 부의금을 각각 10석씩을 감하도록 하십시오."

임금이 윤허함에 따라 이후 관원에게 주는 부의금이 각각 10석씩 감소하게 되었다. 그만큼 부의금은 위급 상황에 써야 할 재원을 위협할 정도로 부담이 만만치 않았다.

재상이나 종친에게 하사하는 부의금도 엄청난 양이었는데, 재상 등의 본인만이 아니라 그들의 부친이나 모친, 부인이 죽은 경우에도 부의금이 내려졌다. 태종 5년 2월에는 모친상을 당한 예조 좌랑佐郎 최항崔沆의 집에 미두 20석과 종이 50권을 하사하였다. 4월에는 공신 황거정黃居正의 아내가 죽자 쌀 20석과 종이 100권을 내려주었고, 부친상을 당한 상호군上護軍 신상申商에게 미두 20석, 종이 50권을 내렸다. 7월에 중군中軍 도총제都摠制 최이崔迆가 모친상을 당하자 미두 30석, 종이 100권을 주었다. 태종 11년 2월에는 세자 양녕대군의 장인인 참찬의정부사參贊議政府事 김한로의 아내 전씨全氏가 죽자 부의로 미두 1백석을 하사한 적이 있다.

그 외에 나라 일을 하다가 순직한 하급 군인이나 수군들에게도 부의금을 하사하는 경우가 있었다. 태종 6년 3월 왜구를 추격하다가 익사한 선군船軍 등 16명에게 미두를 10석에서 6석까지 차등 있게 주도록 하였다. 2년 후인 태종 8년 10월에도 인천 앞바다의 덕적도에서 숯 굽는 나무를 싣고 오다가 익사한 선군 69명의 집에 부의를 내려 주었다.

심지어 환관宦官의 어머니와 궁녀에게도 부의금을 주었다. 태종 12년 1월 환관 노희봉盧希鳳의 어머니가 죽었다는 소식을 임금이 들었다.

"이 사람은 아침부터 밤늦게까지 게으름이 없고 매우 큰 공로가 있다."

임금은 미두 30석과 종이 100권, 초 10개를 내려 주었다.

태종 11년 5월부터는 지방에 근무하다가 죽은 관리에게 지위에 관계없이 부의를 주도록 하였다. 당시 충청도 도사都事 김곤金坤이 죽자 임금이 명하였다.

"지방에서 벼슬하는 사람이 죽으면 비록 지위가 미미하다고 하더라도 반드시 부의를 내리도록 하라."

임금은 김곤에게 미두 20석을 내려 주었다.

임금이 하사하는 부의금이 거액이다 보니 거짓으로 부의금을 받으려고 한 사람까지 나타났다. 세종 즉위년1418 10월 전 부윤府尹 안우세安遇世는 아내가 죽자 내시를 시켜 상왕上王의 명이라며 부의금을 주라고 세종에게 거짓으로 아뢰게 하였다. 추후 발각되어 그는 처벌을 받아야 했다. 의금부義禁府에서는 안우세가 상왕의 명령을 거짓 전한 것은 참수형에 해당한다고 아뢰었다. 임금은 그의 원종공신原從功臣 녹권錄券과 별사전別賜田을 몰수하고 속장贖杖 100대에

세종대왕의 어진

처하여 고향으로 쫓아 보내도록 명하였다. 녹권이란 공신의 훈공을
새긴 쇠로 만든 패를 말하며, 속장은 장형杖刑의 판결을 받은 자가
장의 수에 따라 돈을 바치고 감형받는 형벌이다. 공신이 사기로 부
의금을 받으려다가 몰락하였던 것이다.

반대로 나라에서 주는 부의금을 사양하고 받지 않은 사람도 있
었다. 태종 16년 12월에 영의정領議政을 역임한 진산부원군晋山府院
君 하윤이 사망하자 임금이 친히 빈소에 나아가 제사를 지내 주었
다. 하윤은 죽기 전에 유언을 남겨 당부하였다.

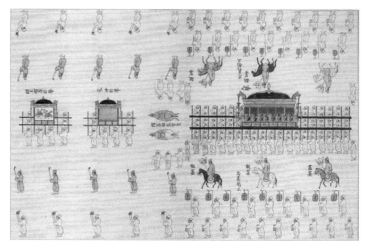

《숙종국장도감의궤肅宗國葬都監儀軌》, 경종 1년(1720)
제19대 왕 숙종의 국장을 그린 의궤로 숙종은 재위 46년(1720) 6월 8일에 60세를 일기로 경덕궁 융복전에서 승하했다.

"나의 장사에 백성을 번거롭게 하지 말고, 예장을 없애도록 청하고, 집안사람을 시켜 장사하라."

부인 이씨李氏가 한결같이 유언을 따르니 임금이 듣고 말하였다.

"대신의 예장은 늘 변하지 않는 나라의 규칙인데, 하물며 하윤의 공덕을 보아 국장을 없애는 것이 옳겠는가?"

임금은 국장도감國葬都監을 통하여 관 위에 덮는 보자기, 비단, 명주 각 1필과 상복에 쓰는 품질 좋은 베 17필, 신발 가죽 2장을 보내었다. 부인은 모두 사양하고 받지 않았다고 한다.

조선 초기에 부의금은 나라의 재정을 위태롭게 할 정도로 천문

학적인 양이었다. 국가를 위해 애쓴 신하들을 우대한다는 정신이
지나쳐 자칫 나라를 위험에 빠뜨릴 수도 있는 상황을 초래하였던
것은 아닐까.

사관의 직책은 임금의 언동과 정사의 득실을 직필하여 숨기지 않고 후세에 전하여, 반성하고 교훈을 삼고 선을 권장하고 악을 징계함에 있다.

7
조선 시대 사관은
임금을 몰래
미행까지 했다?

역사 드라마나 영화를 보면 임금 옆에 꿇어앉은 사관이 임금과 신하들의 언행을 기록하는 장면이 나온다. 사관들이 날마다 하는 기록이 바로 사초다. 사초는 매일매일 일어나는 역사적 사실을 기록한 것으로 실록 편찬에 있어 가장 중요한 기초 자료이다.

사관은 국왕과 신하들의 언행 외에도 당시의 정치나 행정에 관한 일의 득실과 관원의 잘잘못 등을 보고 들은 대로 직필하여 비밀리에 가지고 있다가 실록 편찬 때 춘추관에 납부했다. 실록을 편찬하게 되면 사관을 지낸 사람들에게 일정한 기한 내에 사초를 납부하게 했다. 정해진 기간 안에 사초를 내지 않으면 해당 사관의 자손을 관리로 등용하지 않는 등의 불이익을 가했다.

사관들이 안심하고 직필할 수 있도록 실록 편찬 전까지는 누구도 사초를 보지 못했다. 국왕도 예외가 아니었다. 그런데도 굳이 사초에 접근하려고 시도한 왕들이 있었다. 태조 이성계도 사초를 보려는 유혹에 빠져든 군주 중 한 사람이다.

태조 4년 6월 임금이 당나라 태종의 고사古事에 따라 즉위 이래의 사초를 보려고 하였다. 대신들과 대간이 절대 안 된다고 강하게 반박하여 결국 포기해야 했다. 3년 뒤에도 태조는 사초를 보려고 다시 시도하였다. 태조 7년 윤5월에 사관에게 명하여 왕위에 오른 때부터의 사초를 바치게 하면서 도승지 이문화李文和에게 물었다.

"그 당시의 역사 기록을 군주가 보지 못하는 것은 무슨 이유인가?"

"역사는 사실대로 바로 써서 숨김이 없어야 합니다. 만약 군주와 대신들이 보게 된다면 사관이 숨기고 꺼려서 사실대로 바로 쓰지 못함이 있을까 염려한 까닭입니다."

"나도 또한 역사 쓰는 법이 이와 같은 것을 알고 있다. 그러나 당나라 태종이 역사를 본 옛일이 있어 내가 이를 보고자 한다. 사관이 굳이 거역한다면 어찌 신하 된 의리이겠는가? 마땅히 사고史庫를 열어 빠짐없이 바쳐야 할 것이다."

임금의 뜻이 이러하자 감예문춘추관사監藝文春秋館事 조준 등이 조선 건국 이후의 사초를 거두어 바치고자 하였다. 그러자 사관 신개申槪 등이 상소를 올려 반대하였다.

"근일에 특별히 교지를 내려서 이 시대의 역사를 보고자 하시니 신은 두렵습니다. 당나라 태종도 역사를 보고 뒷세상의 비난을 면치 못하였습니다. 곧 태종이 덕망을 잃음인데, 어찌 전하께서 본받을 일이겠습니까? 을해년1395에 전하께서 사초를 보시고자 하셨다가 마침내 그치고 말았는데, 지금 다시 이러한 명령이 있습니다. 옳고 그른 것을 보아서 뒷세상의 경계로 삼고자 함입니까? 아니면 거짓과 실상을 열람하여 이치에 틀린 부분을 바로잡고자 함입니까? 다 기록되지 못한 바를 상고하여 그것을 다 쓰도록 하려 함입니까?"

상소를 본 임금은 신개의 건의를 윤허하지 않았다.

"지금 친히 보고자 함은 착하고 악한 행실의 자취를 보고자 하는 것이 아니다. 임신년에 왕위에 오를 때 임금과 신하가 몰래 서로 이야기한 말의 대부분을 사관이 알지 못하기 때문이다."

임금이 사초를 바치라고 명령하였으나 실현되지는 않았다. 사초를 두고 태조 때부터 시작된 국왕과 사관 사이의 갈등은 그 후에도 계속되었다.

자고로 임금들은 사관을 꺼렸다. 사관의 직필을 참을 수 없었던 것이다. 임금이 학문이나 기술을 강론, 연마하고 더불어 신하들과 국정을 협의하던 경연經筵에 사관이 참석하기를 청했지만 태조가 윤허하지 않은 적이 있다.

2대 임금 정종도 부왕을 닮았는지 처음에는 사관을 가까이하지 않았다. 버틸 만큼 버티다가 문하부門下府의 대신들이 거듭 청하자 그제야 마지못해 사관이 경연에 들어오는 것을 허락하였다. 정종 1년 1월에 올린 문하부의 상소를 보면 임금이 도저히 거부할 수 없는 명분을 제시하고 있다.

"사관의 직책은 임금의 언동과 정사의 득실을 직필하여 숨기지 않고 후세에 전하여, 관성觀省에 대비하고 권계勸戒를 남기자는 것입니다. 고려 말년에 임금이 황음무도荒淫無度하여 부녀자와 내시를 가까이하고 충성스럽고 어진 신하를 멀리하였으며, 사관의 직필을 꺼리어 가까이 모시지 못하게 하였으니, 너무나 도리에 어긋난 일이었습니다. 마땅히 고려의 실정을 거울삼고 관직을 설치한 의의를 생각하십시오. 특히 사관이 날마다 좌우에 입시하여 언동을 기록하고 그때그때의 정사를 적게 하여 만세의 큰 규범을 삼도록 하십시오."

관성은 반성하고 교훈을 삼음을 말하고, 권계는 선을 권장하고 악을 징계함을 말한다. 고려가 망한 것은 사관을 멀리한 때문이라고 일갈하는 상소에 임금도 그대로 따르지 않을 수 없었던 것이다.

지경연사知經筵事 조박趙璞은 이보다 한 발 더 앞서 나갔다.

"임금이 두려워할 것은 하늘이요, 사필史筆입니다. 하늘은 푸르고 높은 것을 말함이 아니라 천리天理를 말할 뿐입니다. 사관은 임금의 착하고 악함을 기록하여 만세에 남깁니다. 어찌 두렵지 않습니까?"

모름지기 임금 된 자는 사관을 두려워할 줄 알아야 한다는 경고였다. 임금은 속으로는 부글부글 끓어올랐겠지만, 겉으로는 고개를 끄덕이지 않으면 안 되었다.

선대 임금들보다 더욱 사관을 멀리하고자 한 임금은 3대 임금 태종이었다. 사관들은 경연은 물론 임금이 편히 쉬는 생활 공간인 편전便殿에까지 들어가려 하였으나, 태종은 이를 막으려 하였다. 태종 1년 4월에 사관 민인생閔麟生이 편전에 들어가려고 하자 도승지 박석명이 말리면서 말하였다.

"어제 사관 홍여강洪汝剛이 섬돌 아래에 들어왔는데, 주상께서 "무일전無逸殿 같은 곳이면 사관이 마땅히 좌우에 들어와야 하지만 편전에는 들어오지 말라'고 말씀하셨다."

만류에도 불구하고 뜰로 들어서는 민인생을 보고 임금이 말하였다.

"사관이 어찌 들어왔는가?"

"전날에 문하부에서 사관이 좌우에 입시하기를 청하여 윤허하셨기에 들어왔습니다."

"편전에는 들어오지 말라."

"비록 편전이라 하더라도 신들이 만일 들어오지 못한다면 대신이 아뢰는 일과 경연에서 벌이는 강론을 어떻게 갖추어 기록하겠습니까?"

임금이 웃으며 말하였다.

"이곳은 내가 편안히 쉬는 곳이다. 들어오지 않는 것이 좋겠다. 사필은 곧게 써야 한다. 비록 대궐 밖에 있더라도 어찌 내 말을 듣지 못하겠는가?"

민인생이 다시 대들었다.

"신이 만일 곧게 쓰지 않는다면 위에 하늘이 있습니다."

민인생은 여기서 그치지 않고 그 다음 달에도 경연에 참석하여 편전에 입시하게 해 달라고 청하였다.

"전하께서 비록 편전에 앉아 정사를 들으실 때라도 사관이 입시하여 아름다운 말을 기록하게 하십시오."

임금은 경연에 참석한 동지사同知事 이첨李詹 등의 신하들에게 의견을 물었다.

"경연에 입시하는 것은 가능하지마는 어찌 정사를 듣는 때에 들어오려고 합니까? 신들도 역시 고려의 사관이었는데, 두렵고 위축되어 감히 임금을 뵙지 못하였습니다."

신하들도 반대의 입장을 표하였다.

이후에도 민인생은 여러 번 편전에 들어가려고 시도하여 물의를 일으켰다. 한번은 임금이 편전에서 정사를 보는데 문 바깥에서 엿보았다. 임금이 그를 보고 좌우의 신하들에게 물었다.

"저게 누구냐?"

"사관 민인생입니다."

임금이 노하여 아래와 같이 명하기에 이르렀다.

"앞으로는 사관이 날마다 입궐하지 말고 아일조회 때에만 입시하라."

며칠 후 간관인 문하부 낭사郎舍가 민인생의 직첩을 거두고 귀양보내야 한다는 건의까지 올렸다.

"입시하며 여러 번 예禮를 잃고 휘장을 걷어 엿보기까지 하여 심히 불경스럽습니다."

그러면서도 문하부 낭사는 사관을 아일조회에만 입시케 한 명령을 거두고 종전같이 매일 입시하게 해 달라고 요구하였다.

"한 사관이 실례한 일로 만세의 좋은 법을 폐지하시어 신 등은 전하를 위하여 애석히 여깁니다. 사관이 매일 일을 아뢸 때마다 따라 나오고 따라 물러가게 하여 모범을 만세에 남기십시오."

태종과 민인생의 악연은 이미 한 달 전부터 시작되었다. 당시 판문하부사判門下府事 조준, 좌정승 이거이李居易, 우정승右政丞 하윤 등과 함께 임금이 들에서 잔치를 베풀었다. 임금은 무신 10여 명을 거느리고 강 연안에서 사냥을 하고 날이 저물어서 환궁하였다. 이때 사관 민인생이 얼굴을 가리고 계속 뒤를 따랐다. 무엄하게도 임금을 몰래 미행하였던 것이다. 결국 민인생을 보게 된 임금이 내시를 시켜 눈짓으로 무엇하러 왔느냐고 물었다. 그러자 민인생이 대답하였다.

"신이 사관으로서 감히 직무를 폐할 수 없기에 온 것입니다."

총제 이숙번李叔蕃이 아뢰었다.

"사관의 직책이 매우 중하오니 묻지 마십시오."

이로 인해 민인생은 태종에게 미움을 사게 되었던 것이다. 태종은 민인생의 행위를 오랫동안 잊지 않고 있었다. 태종 12년 7월에 지신사 김여지金汝知 등에게 아래와 같이 말했다.

"예전에 사관 민인생이 경연 때 병풍 뒤에서 엿듣고 잔치에도 들어왔다. 또 내가 들에 나가 매사냥을 할 때는 얼굴을 가리고 따라왔

《승정원일기(承政院日記)》, 1623~1894, 서울대학교 규장각
왕실의 행정, 의례, 출납 등의 기록물

다. 이런 일은 모두 음흉한 짓이다.”

　태종은 10여 년 전의 일을 불쾌한 기억으로 간직하고 있었던 것이다.

　끈질기고 강직한 성품의 민인생은 이런저런 일로 출셋길이 막히는 불운을 당하고 말았다. 태조 2년 식년式年 문과에 급제하면서 사관이라는 요직에 발탁되어 전도가 양양했으나, 자기 소신을 끝까지 관철시키려다 임금의 미움을 받아 밑바닥으로 굴러떨어지고 말았다. 그가 귀양을 갔는지는 확실치 않지만, 출셋길이 막혀 지방의 현령이나 한성부漢城府의 판관 등 한직을 전전하다 쓸쓸히 생을 마감해야 했다.

민인생의 소동을 계기로 오랫동안 사관이 편전에 들어갈 수 없었다. 그러다 사간원司諫院에서 여러 번 청하자 드디어 태종 10년에 사관의 편전 입시를 허락하였다. 3년 뒤에는 조계朝啓에 사관이 입시하는 것도 허락하였다. 조계는 매일 아침에 중신重臣 등이 편전에서 임금에게 업무를 보고하는 일이었다. 그에 따라 사관들은 매일 임금의 정사를 기록할 수 있게 되었다. 민인생이 그렇게 갈망하던 사관으로서의 소망이 드디어 모두 성취되었던 것이다. 임금과 사관 간의 지루한 싸움에서 최종적인 승리는 용기 있고 끈질기게 자기의 사명을 다하고자 했던 사관의 몫이었다.

세자 양녕대군과 명나라 황제 딸의 혼례는 지극히 정치적이고 정략적인 관계가 깔려 있었다.

8

양녕대군은 명나라 황녀와 국제 혼인을 할 뻔했다?

우리가 잘 모르는 사실 중의 하나지만, 태종의 장남 양녕대군과 명나라 황제의 딸을 혼인시키려는 움직임이 일어나 조정이 한동안 발칵 뒤집힌 일이 있다. 혼인을 처음 제기한 사람들은 조정 중신들이었다. 태종 3년 10월에 명나라 사신 황엄黃儼이 왔는데, 중신들이 황제의 딸을 맞아들이라고 임금에게 진언하면서 처음 공론화하였다.

"황엄은 황제의 총애를 받는 환관입니다. 만일 황엄을 통하여 황제께 청해서 세자가 황제의 딸을 맞게 하면 우리나라의 다행이겠습니다."

임금은 처음에는 호의적이었다. 그리하여 가만히 황엄에게 뜻을 전하게 하였다.

"얼마나 다행하겠는가? 얼마나 다행하겠는가?"

황엄 역시 동조하였다고 한다. 다만 당시에는 더 이상 진전이 없이 황엄이 돌아가면서 그냥 없던 일이 되어 버렸다.

태종 6년 4월 황엄이 재차 입국하였지만 세자와 황녀의 혼인에 대해서는 한 마디 말도 내비치지 않았다. 임금은 혼인 얘기를 꺼내었던 일을 후회하면서 세자를 전 총제 김한로의 딸과 정혼시켜 버렸다. 세자와 황녀와의 혼인은 완전히 물 건너가 버린 것이다.

이듬해 5월에 황엄이 또다시 입국하게 되었다. 임금이 통역을 맡은 우군동지총제右軍同知摠制 이현李玄을 시켜 황엄에게 말하였다.

"황제께서 나를 대접하기를 심히 후하게 하신다. 내가 친히 알현하고자 하나 감히 나랏일을 버리고 갈 수가 없다. 세자가 이미 장성했고 이미 장가를 들었으니, 나를 대신하여 알현하게 하려고 한다."

세자가 황제를 뵈러 가는 편이 좋겠다는 뜻을 전하면서 그 사이에 이미 결혼을 했다고 말한 것이다. 검교한성부윤檢校漢城府尹 공부孔俯가 임금의 말을 듣고 가만히 이현에게 말하였다.

"세자가 장차 황제를 알현하려는데 먼저 혼례를 행하면 좋지 않은 것 같다. 지금 황제의 딸 중에 아직 출가하지 않은 자가 두서너 명이나 된다. 만일 황실과 혼인한다면 비록 북쪽으로 여진족의 핍박이 있고 서쪽으로 명나라 왕구아王狗兒의 군사들이 있다 하더라도 무엇이 두려우랴?"

공부는 세자와 황녀와의 혼인을 재차 추진하는 것이 좋겠다는 의견을 제시하였다.

이처럼 임금과 대신들이 세자와 황녀의 혼인을 원한 진짜 이유는 여진족 등 외적의 압박을 막아 줄 든든한 후원자를 얻고자 하는 데 있었다. 조선 왕실과 명나라 황실이 혼인 관계로 맺어진다면 두 나라 사이에 더욱 끈끈한 유대가 맺어져 나라의 안전을 담보받을 수 있다는 지극히 정치적이고 현실적인 고려가 깔려 있었던 것이다.

공부의 말을 들은 이현이 동의하였다. 두 사람은 함께 임금의 장인인 여흥부원군驪興府院君 민제閔霽의 집에 가서 계책을 말하였다. 민제는 손사래를 쳤다.

"이것은 내가 알 바 아니다."

다음에는 참찬의정부사 조박과 형조 참의參議 안노생安魯生과 의논하였다. 두 사람이 모두 동조하였다. 이현이 말하였다.

"그렇다면 내가 장차 사신에게 '지난번에는 일이 많아 우리 전하의 말씀을 잘못 전하였다. 세자께서는 지금까지 혼인하지 않았다'고 말하겠다."

세자가 이미 혼인하였다고 임금이 황엄에게 한 말은 잘못 전한 것이고, 실은 세자가 아직 혼인하지 않았다고 알려 황녀와의 혼인을 추진해 보겠다는 의견이었다. 그들은 임금께 계책을 전달해 달라고 다시 민제에게 요청했지만 역시 응하지 않았다. 민제의 아들인 민무구閔無咎와 민무질閔無疾도 거부하였다.

"이 일은 내가 감히 전하에게 아뢰지 못하겠다."

그럼에도 공부 등이 여러 번 요청하자 민제가 그들의 뜻을 좌정승 하윤에게 전했다. 하윤이 민제에게 말하였다.

"만일 대국의 원조를 얻는다면 같은 성씨든 다른 성씨든 누가 감히 난을 일으키며, 난신亂臣이며 적자賊子가 어떻게 생기겠습니까? 고려 시대에 원나라에서 공주를 결혼시켜 백 년 동안 안팎으로 근심이 없었습니다. 이것은 지난날의 경험입니다."

하윤은 세자와 황녀의 혼인을 지지하였다. 하윤이 조박과 참지의정부사參知議政府事 정구鄭矩 등을 시켜 영의정 성석린과 우정승 조영무趙英茂에게 의논하도록 하였다. 성석린이 말하였다.

"내가 늙고 혼미하여 국가의 대의에 참여하지 않는다. 지금 이 일에 어찌 감히 홀로 결단하겠는가?"

성석린은 부정적인 견해를 나타내었다. 조영무도 반대의 의견을 제시하였다.

"주상의 뜻이 이미 정해졌다. 어찌 감히 다른 의논이 있겠는가?"

의논이 분분하여 결론이 나지 않자 전 목사牧使 황자후黃子厚가 나서서 김한로에게 임금께 아뢰어 달라고 부탁하였다. 김한로가 겸판순금사사兼判巡禁司事 이숙번을 통해 임금께 아뢰었다. 그러자 임금이 격노하였다.

"중국과의 결혼은 나의 소원이지만, 부부가 서로 뜻이 맞기는 인정상 어려운 일이다. 또한 중국의 사신이 반드시 끊이지 않고 왕래하여 도리어 우리 백성들을 불안하게 할까 염려스럽다. 옛적에 기

원나라 기황후 추정 초상화, 타이페이고궁박물관

씨氏가 들어가 원나라의 황후가 되었다가 일족이 남김없이 살육
되었으니, 어찌 족히 보존할 수 있으랴? 군신君臣이 일체가 된 연후
에야 나라가 다스려져서 편안해지는 것이다. 지금 조박 등이 사사
로이 서로 모여서 이처럼 큰일을 의논하고도 과인이 알게 하지 않
았다. 그러니 내가 누구와 더불어 나라를 다스리겠는가? 하물며 내
가 황엄에게 세자가 이미 장가들었다고 분명히 말했는데, 나중에
고칠 수 있겠는가?"

　임금은 눈물을 흘리며 울었다. 임금이 울자 이숙번 등의 신하들
도 땅에 엎드려 함께 울었다고 한다. 임금은 뜻이 맞지 않는 사람들
끼리 혼인하면 서로 불행해질 수 있고, 백성들이 동요할 가능성도

있다는 점을 거론하며 세자와 황녀의 혼인에 거부 의사를 밝힌 것이다.

동시에 기황후奇皇后의 예를 들어 우려를 표하기도 했다. 기황후는 고려 말에 공녀로 선발되어 원나라에 끌려갔다가 순제順帝의 총애를 받아 황후에까지 오른 인물이다. 그녀는 30여 년 동안 원나라 조정의 실권을 장악하였고, 그 때문에 오빠인 기철奇轍 등의 친족이 모두 고관에 올라 부귀영화를 누렸다. 그러다가 공민왕恭愍王이 반원反元 정책을 펼치면서 친원파의 거두인 기철 일당이 제거되고 기씨 일족이 일망타진되었다.

눈물을 흘린 임금은 세자와 황녀의 혼인을 의논한 죄로 관련자들을 순금사巡禁司에 가두고 겸판순금사사 이숙번, 형조 판서 김희선 등으로 하여금 국문하도록 명하였다. 순금사에 하옥된 사람들은 참찬의정부사 조박, 참지의정부사 정구, 우군동지총제 이현, 평강군 조희민, 검교한성부윤 공부, 형조 참의 안노생 등이었다. 국문을 명하면서 임금은 지시하였다.

"여흥부원군은 중전의 가까운 친족이고, 하윤은 공신이며 수상首相이고, 민무구와 민무질도 모두 공신이니, 체포하여 심문하지 말라."

대간에서 민제와 하윤 등을 탄핵하자 그들은 아래처럼 해명하였다.

"국가를 위해서 한 일이다. 다른 뜻은 없었다."

조박 등을 국문한 순금사에서 진술서를 올렸다.

"그들의 계책이 비록 그릇되었지만, 정상을 캐어 보면 나랏일을

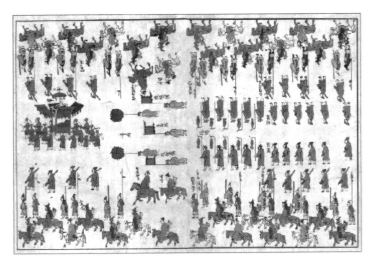

《영조가례도감의궤英祖嘉禮都監儀軌》, 1759년

위함일 뿐이다. 간사한 꾀를 품은 것은 아니다.”

임금은 하옥된 중신들을 모두 석방토록 하였다. 다만 조박만은
처음부터 숨기는 바가 있어 임금이 옳지 않게 여겨서 경기도 양주
의 농장으로 내쫓았다.

조정을 떠들썩하게 했던 세자와 황녀의 혼인 문제는 이렇게 일
단락되는 듯했다. 하지만 얼마 뒤에 의정부 찬성사贊成事 권근權近이
임금의 처사를 비판하는 글을 올려 다시 분란을 일으켰다. 그 글에
서 권근은 세자가 혼인하였다고 한 임금의 말을 뒤집었다는 이유로
하윤 등의 중신들에게 내린 처벌을 비판하였다. 임금은 권근의 주

장을 반박하면서 자기의 본뜻을 다음과 같이 설명하였다.

"권근이 아직도 내 마음을 알지 못하는구나! 내가 '사사로이 서로 모의해서 이미 정해진 일을 저지하려 했다'고 한 말은 다른 뜻이 아니다. 이미 사신에게 세자가 혼인하였다고 말하였는데 다시 상국과 혼인하려고 한다면 내가 이전에 한 말은 거짓말이 된다. 그리고 세자가 아직 성혼도 하지 않았는데 내가 급하게 사신에게 이미 성혼하였다고 말한 뜻은 상국과 혼인으로 친척이 되는 것을 두려워했기 때문이다. 만약 혼인을 허락하더라도 혹시 황제의 친딸이 아니거나, 비록 친딸이라 하더라도 언어가 통하지 못하고 우리의 겨레가 아니다. 세력을 믿고 교만 방자하여 시부모를 멸시하거나, 혹은 질투하여 짧은 말과 글로 사사로이 상국과 통하면 불화를 일으킬 걱정이 없지 않다. 또한 여러 민씨閔氏들이 장차 세자 배우자의 세력을 믿고 잘난 척하면 더욱 제재하기 어려울 것이다. 이것이 내가 '사사로운 의논이라 하고 혼례를 저지하고자 한 것을 그르다' 한 본뜻이었다."

임금은 세자가 명나라의 황녀와 결혼하는 것을 내심 두려워하고 있었다. 황녀로 인해 오히려 명나라와 틈이 벌어지거나, 세자의 외가인 민씨 집안사람들이 발호할 가능성이 있다는 정치적인 고려였다. 혹시 황녀라는 여인이 황제의 친딸이 아닐 수도 있고, 진짜 황제의 딸이라고 해도 외국인이라 말과 풍습이 달라 여러 가지 어려움이 있을 것이라는 지극히 현실적인 이유도 있었다.

한동안 큰 홍역을 치른 두 달 후 세자의 혼인이 급하게 이루어졌다. 세자의 혼인을 급하게 서두른 것은 관료들과 백성들의 동요를 시급히 가라앉히려는 의도로 보인다. 그해 7월 세자가 김한로의 집에 가서 그의 딸을 직접 신부로 맞이하여 세자빈으로 삼으면서 혼인 절차가 모두 끝났다.

조선 세자와 중국 황녀와의 혼인 관련 파문을 한때의 해프닝이라고 가볍게 넘길 수는 없다. 이로 인해 야기된 국왕과 중신들 간의 갈등의 중심에는 무엇보다 나약한 신생 왕조를 위한 고뇌 어린 우국충정이 가로놓여 있었다. 현재 우리나라 정치인들도 곱씹어 보아야 할 대목이라고 생각한다.

천거받은 사람이 뇌물과 직권 남용, 재물 횡령을 행하거나 삼강오륜을 거역할 때에는 천거한 자도 벌에 처했다.

9

천거를 잘못하면
처벌을 받았다

　오늘날 우리나라에서는 장관 등의 고위 관료를 임용하면서 누가 누구를 천거했다는 말을 자주 듣곤 한다. 지금은 천거가 제도화 내지 시스템화되어 있지는 않지만, 조선 시대에는 천거가 아예 일정한 제도로 확립되어 있었다.

　당시에는 유능한 인재를 관리로 임용하기 위하여 3년마다 기존의 문무 관리들이 후보자를 몇 명씩 천거토록 하는 제도를 마련해서 시행하였다. 학문과 덕행을 아울러 갖추고 있으면서도 오랫동안 등용되지 못한 재야의 인재들은 특별히 시기에 구애받지 않고 언제든지 천거하여 임용에 대비하도록 하였다. 천거된 자들은 이조에서 관직과 품계에 따라 분류, 기록해 두었다가 관리를 임명할 때 임금에게 보고하여 활용토록 하였다.

태조 6년에 편찬된 《경제육전》에 다음과 같은 대목이 나온다.

"문관 6품 이상과 무관 4품 이상의 관리는 3년마다 한 차례씩 현임과 전임을 막론하고 매 과科마다 한 사람씩을 천거한다. 만일 개인의 정에 따라 잘못 천거하여, 천거된 자가 탐오한 짓으로 정사를 어지럽혀 백성에게 해를 미치게 하면 법에 따라 죄를 매겨 용서하지 않는다."

"매 과"란 시무에 능통함 등 7과를 뜻하였다. 따라서 조선 초기에는 6품 이상의 문관과 4품 이상의 무관들은 3년마다 7명씩의 관리 후보자들을 천거하도록 되어 있었다. 천거 규정은 그 후 《경국대전經國大典》에서 다음과 같이 변경되었다.

"중앙과 지방의 3품 이상의 문관과 무관들은 3년마다 정월에 각각 3품에서 무직無職까지의 인재를 천거한다. 천거받은 사람이 만약 장오贓汚와 패상敗常의 죄를 범하면 천거한 자도 함께 책임을 진다."

《경국대전》에서는 그 전에 비하여 천거할 수 있는 범위가 문무 3품 이상으로 축소되었으나, 천거받을 수 있는 자격은 관직이 없는 무직자까지 확대되었다. 천거받은 자를 처벌하는 범죄는 탐오에서 장오와 패상으로 구체화되었다. 장오는 불법으로 뇌물을 받거나 직권을 남용하여 재물을 횡령하는 죄를 말하고, 패상은 삼강오륜 등 사람이 지켜야 할 도리를 어긴 죄를 뜻한다. 유교 윤리가 차츰 정착해 가는 과정을 보여 준다.

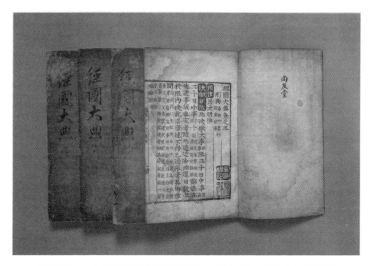

《경국대전經國大典》, 조선시대의 최고의 법전, 세조 6~13년(1460~1467), 서울역사박물관

천거를 받고 관리가 된 자들 중에는 실제로 부정한 행위로 재물을 횡령, 착취하거나 백성을 학대하는 자들이 많았다. 그들을 처벌함과 아울러 천거해 준 사람, 즉 거주擧主를 함께 처벌토록 하는 이른바 거주연좌제擧主緣坐制를 함께 실시하였다. 천거의 공정성을 확보하기 위하여 거주를 처벌하는 법을 만들긴 했지만 제대로 운용되지는 못했다. 특히 거주가 고관이나 권세가이면 적용이 더욱 어려웠다.

태종 11년 윤12월 전 만호萬戶 이양수李養修가 관아의 재물을 도둑질한 죄를 범하여 사헌부의 탄핵을 받고 파직되었다. 남성군南城

君 홍서洪恕와 회령군會寧君 마천목馬天牧이 이양수를 천거하여 3품 만호의 직에 임명토록 하였다. 사헌부에서는 이양수가 군사를 관할하고 무리를 이끄는 데 합당하지 않은데도 "홍서와 마천목이 어찌 알지 못하고 천거하였겠습니까? 법을 두려워하지 않고 사정에 따라서 그릇 천거한 것이 분명합니다"라고 하면서 엄중하게 징계하라고 요구하였다. 임금이 모두 논하지 말라고 하여 홍서와 마천목은 아무런 벌을 받지 않았다.

같은 시기에 전라도 임실의 감무監務 최점崔漸은 나주 판관 유익지柳翼之와 공주 판관 최진성崔進誠이 천거한 자인데, 백성을 괴롭히는 등 폐단을 일으키다가 파직되었다. 사헌부에서는 유익지와 최진성을 엄중히 처벌해야 한다고 주장하였다. 임금은 처음에는 반대의 뜻을 나타내다가 사헌부의 거듭된 청이 있자 그제야 파직하라는 명을 내렸다.

예나 지금이나 사람을 천거하고 임용하는 일은 어려운 과제임이 틀림없다. 인사는 만사라고들 하는데도 말이다.

한편 조선 시대에는 천거와 관련된 엽관獵官 운동을 강력하게 금지하였다. 엽관이란 관직을 얻으려고 갖은 방법으로 노력함을 말한다. 어떤 사람들은 관직을 얻고 승진을 하기 위해 힘 있는 자들에게 천거를 부탁하는 청탁에 목을 맨다. 인사 청탁을 막지 못하면 국정이 혼탁해질 수밖에 없다. 조선 시대에도 예외 없이 인사 청탁을 막으려고 여러 가지 방안을 강구해서 시행하였다. 그중의 하나가 분경奔競을 금하는 것이었다.

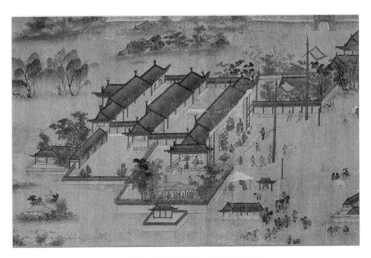

조선 현종 5년(1664) 함경도 길주의 과거시험

　분경은 관직을 얻으려고 서로 다투고 청탁을 하는 엽관 운동을 말하는데, 초기부터 강력하게 단속하려 하였다. 심지어는 권력자의 집에 드나드는 자들을 무조건 체포하여 감옥에 가두기까지 하였다.

　태종이 즉위한 직후에 권력을 잡고 있는 집정자執政者나 무신武臣의 집에 분경하는 것을 금지하는 명령을 내렸다. 구체적으로는 사헌부와 삼군부三軍府에서 아전衙前을 시켜 집정자들이나 무신들의 집을 지키게 하였다. 사람이 그 집에 이르면 신분의 존비와 이유를 묻지도 않고 무조건 잡아 가두도록 하였다. 그러자 사람마다 서로 의심하고 두려워하여 여론이 떠들썩하였다고 한다.

　태종 1년 5월에 분경 금지의 범위를 완화하였다. 친가든 외가든

황희의 초상화,
황희는 천거 청탁을 거부했다가 사직상소를 내기도 함

5세世, 즉 고조 대까지의 친족 이외 사람은 집정자나 무신의 집에
출입하는 것을 금하는 조치를 취하였다. 만약 위반할 경우 관직이
있는 자는 임금에게 보고하지 않고 바로 파직하고, 관직이 없는 자
는 귀양을 보내도록 하였다.

분경 금지법은 제정 직후에는 비교적 잘 시행되었다. 실제로 태
종 1년 6월에 지의흥삼군부사知義興三軍府事 김영렬金英烈이 판상서사
사判尚瑞司事 이무李茂의 집에 가서 분경을 하였다가 사헌부의 탄핵
을 받고 파직된 바 있다. 한 달 뒤인 7월에도 상장군上將軍 박순朴淳
이 이무에게 분경하였다가 파직되었다. 그러다 차차 해이해지면서

엽관 운동이 계속 발생하였다.

비록 여러 가지 문제점도 있었지만, 천거 제도는 어디까지나 덕망과 재능을 겸비한 인재를 등용한다는 좋은 취지를 가지고 있었다. 주로 지식이나 기술 수준만으로 인재를 뽑는 우리 공공 기관이나 대기업 등에서도 부분적이나마 천거 제도를 채택한다면 좋은 성과를 거두지 않을까 생각한다. 대기업이 신입 사원을 채용하면서 인성을 반영하려는 경향이 확대되고 있는 점은 그런 면에서 다행이라고 하겠다.

조선 시대 인사청문회인 서경은 임금도 어쩌지 못할 정도로 엄격한 절차였다.

10

조선 시대에도
인사청문회가 있었다?

새 정부가 출범하면 신임 각료 후보자들에 대한 인사 청문회가 열린다. 국무총리나 각 부의 장관 등은 국회의 인사 청문회를 거쳐야 한다. 투기나 편법 증여 등의 불법적인 재산 축적, 자신과 자녀들의 부정한 군 면제, 논문 표절, 부적절한 처신 등으로 청문회의 두꺼운 벽을 넘지 못하고 낙마하는 사람들이 속출하곤 한다. 낙마한 공직 후보자들은 남들이 다들 부러워하는 고위직에 거의 접근하였다가, 청문회라는 복병을 만나 거의 이룬 꿈을 내려놓아야 해서 아마도 땅을 치고 후회하였을 것이다.

요즈음은 국회 청문회 이전에 이미 언론이 비리를 낱낱이 파헤치는 바람에 스스로 물러나는 공직자들도 많다. 언론에 의한 검증이 국회 청문회보다 무섭다고도 한다. 철저한 자기 관리가 얼마나 중요한가를 새삼 절감하게 된다. 무리한 재산 욕심 등이 자신을 옥죄는 사슬이 될 수도 있다는 사실을 다시금 깨닫는다. 더 이상 예전의 관행이었다는 이유로 비리가 합리화되는 일이 있어서는 안 되겠다.

조선 시대에도 현대의 인사 청문회와 같은 제도가 있었다. 물론 지금의 인사 청문회와는 많이 다르지만, 관리로 진출하기 위해서는 정식으로 임명되기 전에 서경署經이라는 일종의 청문회를 거쳐야 했다. 서경이라는 심사 과정을 통해 부적격자를 걸러 내고자 했던 것이다. 서경 과정은 현대의 인사 청문회 못지않게 까다롭고 엄격하게 진행되었다. 서경을 통과하지 못하여 관직에 임명되지 못하는 경우도 많았다.

먼저 이조 같은 인사 담당 기관에서 관원을 선발하여 오늘날의 사령장에 해당하는 고신告身을 작성하면, 고신과 4대 조상을 기록한 단자單子를 대간, 즉 사헌부와 사간원에 보낸다. 대간에서는 각각 관원 2~3명씩을 보내 양사가 합좌하여 신임 관원의 가계와 전력, 인물 됨됨이 등을 심사하는데, 전원이 찬성하면 고신에 서명했다. 부결되면 서명하지 않았다. 서경을 통과하지 못하면 관원은 해당 관직에 취임할 수 없었다. 고려 시대에는 1~9품의 전 관원이 서경을 받아야 했지만, 조선은 초기에 5품 이하 관원만 서경을 받도록 했다.

서경이 얼마나 까다로웠는지를 보여 주는 실례를 하나 소개하겠다. 태종 11년 2월 사헌부 지평持平 김최金㝡를 좌천시켜 재령 현령

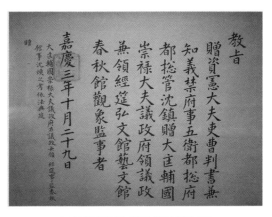

조선 문인 심환지의 아버지 심진 영의정 교지

으로 임명했다. 임금이 그를 지방의 수령守令으로 내보낸 이유는 본
관이 분명하지 않아 사헌부에서 고신에 서명하지 않을까 염려하였
기 때문이라고 한다. 원래는 중앙의 관직으로 승진시키려고 했으
나, 그의 본관이 불분명하여 서경에 통과하지 못할 것 같자 상대적
으로 쉬운 수령으로 임명하였다. 서경에 걸리면 관직을 내놓아야
하니까 관직을 유지시켜 주기 위하여 궁여지책으로 지방직을 주었
던 것이다.

서경이 임금도 어찌지 못할 정도로 엄격한 절차였음을 알 수 있
다. 오늘날에도 엄정한 인사 청문회가 이루어져야 할 것이다. 다만
한 개인의 인격을 송두리째 파괴할지도 모르는 "아니면 말고" 식의
무차별적인 인신공격만은 자제해야 하리라. 예수도 일찍이 죄 없는
자가 창녀에게 돌을 던지라고 하지 않았던가.

결근한 자에게 태형 10대, 지각하거나 조퇴한 자에게는 태형 50대를 부과하기도 했다.

11

출근하지 않으면
관리도 매를 맞았다

　지금은 이런 공무원이 거의 없겠지만, 조선 초기에는 관청에 출근하지 않거나 늦게 나오는 관리들이 많았다. 그리하여 이른바 궐사파직關仕罷職이라는 규정까지 만들지 않으면 안 되었다.

　조선 초기에 형법의 구실을 했던 《대명률大明律》에는 출근하지 않은 날이 1일이면 태答 10대를 치고, 1일이 늘어날 때마다 1등의 죄를 더하여 최고 곤장 80대까지 치고 나서 부과付過하도록 규정되어 있었다. 태형答刑은 긴 막대기나 회초리로 볼기를 치는 형벌이었다. 부과는 관리들이 잘못을 저지르면 표에 적어 인사 자료인 정안政案에 붙여 두었다가 인사 고과에 참조하는 벌칙을 말하는데, 표부

〈대명률大明律〉,
1367~1373, 조선 시대 현행법, 보통법으로 적용된 중국 명나라의 형률서, 한국민족문화대백과사전

과명標付過名이라고도 했다.

태조 6년에 편찬된 《경제육전》에는 출근하지 않은 날이 1일이면 관리의 이름 아래에 점을 찍고, 3일이면 그의 종을 가두고, 20일이면 파직하도록 되어 있었다. 태종 14년 10월 사헌부에서는 관리가 출근하지 않는 날이 1일이면 그의 종을 가두고, 3일이면 부과하고, 5일이면 파직해야 한다는 방안을 제시하였다. 임금은 세 가지를 검토하여 아뢰도록 이조에 명하였다.

명을 받은 이조에서 사헌부의 방안은 너무 무겁고, 《경제육전》의 규정은 너무 가벼우며, 《대명률》은 파직하는 조문이 없다고 하면서,

임금의 재가를 기다린다고 아뢰었다. 어떤 대신은 《경제육전》을 준수해야 한다고 주장하고, 황희 정승 등은 《대명률》을 따라야 마땅하다고 하여 결론이 잘 나지 않았다. 나중에 많은 대신들이 《경제육전》을 따르자고 청하자 임금이 윤허하였다. 사헌부의 방안과 《대명률》의 규정을 절충한 안을 채택한 것이다. 마침내 《경제육전》의 규정에 따라 출근하지 않은 날이 최대 20일이면 파직하도록 결정하였다.

결정이 난 이후에도 하루 결근한 자에게는 《대명률》의 규정에 따라 태형 10대를 부과하였던 것 같다. 그러다 보니 지각이나 조퇴한 자와의 형평성이 문제가 되었다. 당시 해가 길 시기에는 관리들이 묘시卯時인 오전 6시경에 출근하여 유시酉時인 오후 6시경에 퇴근하고, 해가 짧을 시기에는 진시辰時인 오전 8시경에 출근하여 신시申時인 오후 4시경에 퇴근하도록 했다.

사실 결근한 사람만이 아니라 늦게 출근한 자와 일찍 파하고 돌아간 관리들도 많았다. 그들에게는 위령죄違令罪를 적용하여 태형 50대를 부과하였다. 결근한 자에게 태형 10대를 때리도록 한 규정과 비교하면 지각이나 조퇴한 자에 대한 벌이 오히려 더 무거웠다. 이에 세종 13년1431 3월에 지각이나 조퇴한 관리에게 위령죄를 적용하지 말라고 지시하였다.

"당연히 가벼워야 할 것이 무겁기도 하며, 응당 무거워야 할 것이 가볍기도 하다. 죄를 부과하는 데 있어 정당성을 잃었다."

결근자에 대한 처벌 규정에도 불구하고 여전히 출근하지 않은

김윤보, 〈고피고원고재판古被告原告裁判〉, 《형정도첩刑政圖帖》, 한국학중앙연구원

조선 시대에 재판을 받는 모습으로 사안의 경중에 따라 형조, 의금부, 사헌부, 사간원 등을 거쳐서 형이 집행되었다.

관리들이 많았다. 성종 13년1482 1월에도 마찬가지였다. 당시 대사헌 김승경金升卿이 결근자에 대한 벌이 너무 가벼우니 다른 법을 정하여 처벌의 강도를 높여야 한다고 건의하였다.

"신이 여러 관청을 조사해 보니 출근하지 않은 자들이 많습니다. 모두 태 10대로 다스려 죄를 부과함이 지나치게 가볍기 때문입니다. 청컨대 다른 법을 세우십시오."

임금이 신하들에게 의견을 물었다. 영사領事 노사신盧思愼은 새로운 법에 반대 의견을 제시하였다.

"비록 다른 법을 세우지 않더라도 이미 부과하는 법이 있습니다.

결근을 많이 하는 자는 파직시키는 것이 옳을 듯합니다."

"부과하는 법이 매우 좋다."

결근자에 대한 처벌 강화 조치는 결국 이루어지지 않았다.

출근하지 않았다고 볼기짝을 까고 매까지 맞아야 했던 당사자들은 매우 수치스러웠을 것이다. 그런데도 결근자가 줄어들지 않았다면 매가 약했기 때문만은 아닐 것이다. 오늘날 결근하는 공무원들에게 태형을 가한다면 아마도 결근하는 사람이 한 사람도 없을 텐데 말이다.

"모든 진언과 상소는 세 번 간하고 즉시 그친다. 세 번 간하여도 듣지 않으면 물러가고, 세 번이나 간한 뒤에 다시 간하는 자는 처벌한다."

12
칭찬도 세 번 들으면 욕이 되니, 세 번 이상 간언하지 말라

조선 시대는 왕과 신하들의 말싸움의 연속이었다. 말싸움에 지친 태종은 급기야 16년 6월 교지를 내려 신하들이 한 가지 사안을 세 번 이상 간하지 못하도록 하는 특단의 조치를 내렸다.

"세 번이나 간하여도 듣지 않으면 가 버린다는 것은 옛 법이다. 지금 대소 신료와 대간과 형조에서 간언과 상소를 세 차례 이외에 난잡하게 신청하는 것은 옛 제도에 어긋난다. 또 여러 사람들이 보고 듣는 데에도 심히 좋지 않다. 이제부터 이와 같은 사람이 있으면 교지부종敎旨不從으로 처벌하라."

"모든 진언과 상소는 세 번 간하고 즉시 그친다. 세 번 간하여도 듣지 않으면 물러가고, 세 번이나 간한 뒤에 다시 간하는 자는 처벌한다."

교지부종이란 교지를 따르지 않은 죄를 말한다. 이러한 왕명이 나온 이유는 사헌부와 사간원의 관원, 즉 대간 등의 신하들이 한 가지 사안에 대해 여러 번 진언하고 상소를 올려 임금을 번거롭게 하였기 때문이다.

당시 대간은 한 번 상소를 올려 임금이 윤허하지 않으면 계속해서 윤허를 받을 때까지 간하곤 하였다. 어떤 때는 한 가지 일에 10여 번 이상 줄기차게 상소를 올린 적도 있다. 물론 대간의 주요한 임무가 간쟁諫爭이어서 주장이 관철되도록 최선을 다해야 하지만, 때로는 너무 지나쳐 국왕의 국정 처리를 저해하는 경우도 많았다. 국왕의 바르지 못한 행동이나 과실을 고치도록 간절히 말하는 언론 활동이 간쟁이라 해도 그 정당성을 확보해야만 인정받는 것이다.

간쟁의 횟수를 세 번으로 제한하려 하자 당연히 대간들이 반기를 들고 나왔다. 먼저 사간원에서 격한 반응을 보였다.

"말하는 책임에 있는 자는 말해야 할 것이 있으면 마땅히 여러 번 청해야 할 것입니다. 종묘와 사직에 관계되는 일이라면 어찌 세 번 간하는 데에 구애받겠습니까?"

사헌부에서도 가만히 있지 않고 따지고 들었다.

"이것은 성대한 조정에서 행할 법이 아닙니다. 옛사람이 얼굴을 마주 대하여 임금의 옳지 못한 주장을 반박하고, 뜰에 서서 간하여 싸우고, 임금의 옷깃을 당기며 간하고, 임금이 물리쳐도 끝까지 버티며 간절히 간한 것 또한 죽음으로써 간쟁함이었습니다. 그 마음을 따져 보면 모두 임금을 사랑한 것이었습니다. 아들이 아버지를 섬기다가 허물이 있으면 간하고, 간함을 받아들이지 않는다 하더라도 거듭 공경하고 효도하여야 합니다. 신하가 임금에 대해서도 이와 같은데, 만약 세 번 간하고 그만두는 것을 나라의 법으로 삼는다면 신하에게 아첨하는 풍습을 열어 주는 길입니다."

세자 양녕대군도 대간의 의견에 동조하였다. 언로를 막는 것은 부당하다고 대간이 세자에게 말하자 세자 역시 "간언을 막는 것은 불가하다"고 말하였다. 그러고 나서 임금에게 아뢰었는데, 세자의 말을 들은 임금은 역정을 냈다.

"내가 따르지 않겠으니 번거롭게 굴지 말라."

태종이 세 번 이상 간하는 것을 금하였으나 그 후에도 대간들은 굴하지 않고 꿋꿋이 간쟁을 계속했다. 마침내 태종 사후에는 간쟁 횟수를 3번으로 제한하는 규제는 사라지게 되었다. 국왕과 대간의 싸움에서 마침내 대간이 이겼던 것이다. 국왕은 유한하나 대간은 영원하다!

시호는 한 사람에 대한 역사적 평가여서 공로와 과실이 균형 있게 반영되어야 한다.

13
임금 시호를 잘못 정했다가 교수형을 당할 뻔했다?

조선 시대에는 재상이나 유명한 유학자들이 죽으면 공덕을 칭송하여 임금이 시호를 내려 주었다. 시호는 한 인물에 대한 후대의 평가가 내포된 명칭이라고 할 수 있다. 조선 초기에는 정2품 이상의 문무관과 공신에게만 주었으나, 점차 대상이 확대되어 고명한 유학자들에게도 시호를 내렸다. 대체로 문신이나 학자는 문文, 무신은 무武, 전쟁 등에서 공을 세운 무장은 충忠 자가 앞에 붙여졌다. 조선 초기에는 대개 봉상시奉常寺에서 주관하여 시호를 정한 다음 임금에게 올려 재가를 받도록 했다.

시호를 결정하는 일은 매우 민감한 사안이어서 여러 가지 문제를 야기하기도 했다. 조선 건국 직후에 시호를 잘못 정했다가 봉상시의 관원이 교수형을 당할 뻔한 적도 있었다. 태조 5년 7월에 개국 공신 정희계鄭熙啓가 죽자 시호를 정하는 문제로 임금이 격노하여 봉상시 관원들이 곤욕을 치러야 했다.

정희계는 이성계를 도와 조선 건국에 참여하여 개국 공신 1등에 책록되고, 계림군鷄林君에 봉해졌다. 나중에 좌참찬左參贊과 판한성부사判漢城府事를 지냈다. 건국 당시 정도전, 정총, 정희계 등 세 정씨가 삼한三韓을 멸한다는 도참설이 널리 퍼져 있었다. 정희계의 부인은 태조의 계비인 신덕왕후神德王后 강씨康氏의 조카딸이었다. 그야말로 그는 태조가 아끼고 총애하는 측근 중의 측근이었다.

정희계가 죽고 한 달이 지나 봉상시에서 시호를 안양安煬, 안황安荒, 안혹安惑 등으로 정하여 임금의 재가를 청하였다. 임금이 시호를 정한 봉상시 박사博士 최견崔墘을 불러서 물었다.

"희계는 나라에 큰 공을 세운 신하인데, 시호를 왜 이다지도 심하게 지었느냐? 그의 허물만을 논하고 공은 말하지 않은 까닭은 무엇인가?"

시호란 한 사람에 대한 역사적 평가여서 공로와 과실이 균형 있게 반영된 시호를 정해야만 한다. 볕에 바래다는 뜻의 "양", 거칠다 또는 어리석다는 뜻의 "황", 미혹하다는 뜻의 "혹" 등의 부정적인 단어들이 들어가 너무 과오만 강조한 시호라는 지적이었다.

태조는 불만을 표출한 다음 즉시 최견을 순군옥에 가두어 국문하게 하고 봉상시 소경少卿 안성, 승 김분金汾, 대축大祝 민심언閔審言

김윤보 〈금부난장禁府亂杖〉, 한국학중앙연구원

등과 녹사錄事 이사징李士澄 등을 하옥하였다. 이어서 형조에서 산기상시散騎常侍 전백영全伯英과 이황李滉 등을 탄핵하고, 봉상시에서 잘못 마련한 시호를 반박하지 않은 죄로 예조 의랑 맹사성과 좌랑 조사수趙士秀 등을 탄핵하였다. 형조는 그들의 형량을 정하여 올렸는데, 최견은 교수형, 안성과 김분 등은 곤장 100대에 도형徒刑 3년이었다. 도형이란 죄인을 중노동에 종사시키는 형벌을 말한다.

좌정승 조준이 최견을 불쌍히 여겼다.

"견의 죄가 이에까지 이르겠는가?"

조준은 판삼사사 설장수偰長壽, 전서 당성唐誠과 함께 상의하여 다시 형량을 조정했다. 그런 다음 조준이 법전을 가지고 들어가서 임금에게 아뢰자 그대로 따랐다. 조견은 곤장 100대를 쳐서 김해로 유배하고, 그 밖의 관리들은 차등 있게 곤장을 때린 후 안성은 경상도 축산으로, 김분은 경상도 각산으로, 민심언은 전라도 순천으로, 이사징은 경상도 강주로 유배하였다. 전백영, 이황, 맹사성, 조사수 등은 모두 파직하였다. 정희계의 시호는 다시 논의하여 양경良景이라고 지었다.

정희계의 시호에 태조가 불만을 가진 이유는 총애를 내린 측근이었기 때문이기도 하지만, 그를 너무 부정적으로만 보려고 한 봉상시의 관리들에게도 문제가 있었다. 혹시 학식이 부족하여 사람됨이 가벼웠다는 세상 사람들의 비판을 지나치게 믿지 않았을까.

그 후에도 같은 일이 있었다. 태종 8년 4월 이조에서 한 달 전에 죽은 완평군完平君 이조李朝의 시호를 정하여 올렸는데, 모두 악명惡名인 데다 장례가 임박하여 임금이 재가를 하지 않았다. 임금은 사헌부로 하여금 시호 결정을 지체한 죄를 탄핵하게 하여 이조 정랑正郎 박관朴冠과 좌랑 유미柳渼를 파면시켰다.

이조는 태조의 이복형인 이원계李元桂의 아들로 태조의 조카였다. 태조 때 상장군 등을 지냈는데, 종친의 위세를 내세워 횡포한 짓을 많이 저지르는 바람에 대간에게 탄핵받고 귀양을 가기도 하였다. 이러한 점이 그의 시호 결정에 영향을 미쳤으리라.

시호 문제는 우리에게 많은 시사점을 던져 준다. 요즈음에는 과거의 인물을 평가하면서 잘못한 부분만 집중적으로 부각시켜 역사

적으로 매장시켜 버리려는 경향이 있다. 시정되어야 하리라 생각한
다. 이념이나 정치적 계산을 떠나 공정하고 객관적인 평가가 이루
어져만 할 것이다.

조선은 건국 직후부터 치안과 화재 예방 등을 위해 서울을 비롯한 주요 도시와 국경 지방에 야간 통행금지를 실시했다.

14

야간 통행금지를
어겼던 대사헌,
결국 파직되다

통행금지 하면 지금도 기억이 생생한 사람들이 많을 것이다. 해
방 이후부터 1982년 1월까지 우리나라 전역에서 야간 통행금지가
실시되었다. 해방 직후에는 밤 8시~새벽 5시 사이에 실시되었던 통
행금지는 1961년부터는 밤 12시부터 새벽 4시까지로 변경되었다.

통행금지 조치는 이미 조선 시대에도 있었다. 조선은 건국 직후
부터 치안과 화재 예방 등을 위해 서울을 비롯한 주요 도시와 국경
지방에 야간 통행금지를 실시하였다.

태종 1년 5월에 마련된 순작법巡綽法에 의하면, 초경初更 3점인
저녁 7시 50분경부터 5경 3점인 새벽 4시 15분경 이전에 돌아다

신윤복 〈야금모해夜禁冒行〉, 18세기, 간송미술관

니는 자들은 모두 순라군巡邏軍이 잡아서 하옥하도록 하였다. 대략 8시간 정도가 통행금지 시간이었다. 그 후 세조 초기부터는 2경인 밤 9시부터 4경인 밤 3시까지로 통행금지 시간이 축소되었다.

태종 14년 6월에는 통금이 끝나는 파루罷漏에 종을 치는 법을 제정하여 5경 3점에 대궐 문에서 별자리 28수宿에 따라 종을 28번 치도록 하였다. 중국에서는 저녁에 종을 치지 않는다는 건의에 따라 당시에는 통금이 시작되는 저녁에는 종을 치지 않았다. 그러다 세종 때부터는 통금이 시작되는 인정人定에도 종을 치도록 하였다.

나중에는 인정 시간이 이경으로 바뀌어 28번의 종을 치고, 파루에는 33번의 종을 치게 되었다.

양에서는 인정 시간이 되면 숭례문 등의 도성 문을 닫고 도성 출입이나 시내 통행을 하지 못하게 하였는데, 이를 어긴 대사헌이 파직되는 사건이 일어나기도 하였다. 야간 통행금지를 위반하고 통행한 죄로 고위 관리가 엄한 벌을 받았던 것이다.

태종 1년 9월 대사헌 이원李原이 통행금지 시간에 집으로 돌아가는 중이었다. 마침 단속을 하던 순관巡官 윤종尹琮이 이원의 근수根隨, 즉 관원을 따라다니며 시중을 드는 종을 체포했다가 도로 놓아주었다. 이튿날 이원은 사헌부에 알려 윤종을 탄핵하도록 하고, 자신은 여러 날 동안 출근을 하지 않았다. 임금이 이원을 불러서 출근하라고 명하자 이원이 말하였다.

"전일에 신이 초경 3점 이전에 집으로 돌아가는데, 윤종이 통행금지를 어겼다 하여 신의 근수를 잡았습니다. 윤종이 만일 초경 3점 전에 단속하였다면 그에게 죄가 있으며, 신이 만일 초경 3점 후에 통행하였으면 신에게 죄가 있습니다. 이 일이 결론 나기 전에는 공무를 수행하기가 어렵습니다."

"나는 경이 출근하면 좋겠다. 경의 말이 이치에 합당하지만, 일의 잘잘못은 내가 알지 못한다."

그럼에도 이원이 이튿날에도 출근하지 않아 시간원에서 상소하였다.

"대사헌 이원은 직책이 사헌부의 우두머리여서 출입과 행동을

《지봉유설芝峯類說》
1614년(광해군 6년)에 지봉 이수광李睟光이 쓴 일종의 백과사전으로 숭례문 편액을 양녕대군이 썼다고
기록돼 있다.

구차히 할 수 없습니다. 이달 16일에 통행금지를 어기고 돌아다니다가 순관 윤종에게 욕을 당하기까지 하였습니다. 윤종은 순관으로서 법을 어긴 사람을 보고 마땅히 가두어 놓고 보고했어야 하는데, 다만 근수만을 잡았다가 곧 놓아주었습니다. 사사로움을 따르고 법을 무시한 일입니다. 원컨대 두 신하를 파직시키십시오."

통행금지를 어긴 이원과 제대로 단속하지 않은 윤종을 함께 처벌해야 한다는 상소였다. 임금이 윤허함에 따라 두 사람은 파직을 당하였다.

대사헌은 지금으로 치면 감사원장에 해당하는 어마어마한 벼슬이다. 벼슬 높은 관리가 통행금지를 지키지 않았다가 하루아침에 목이 날아간 것이다. 요즈음이라면 과연 이런 잘못에도 감사원장이 해임당할까? 온갖 불법적인 일을 저지른 공직자들을 제대로 처벌하지도 않고, 당사자들도 버젓이 공직을 수행하는 세태를 보면 오히려 조선 시대가 더 나았다는 생각이 든다.

조선 왕조는 유교 질서에 반하는 기생을 없애려고 했으나 실행에 옮기지는 못했다.

15

기생 치맛바람에
패가망신한 관리들

　기생은 노래와 춤 등의 기예와 성　으로 남성들에게 기쁨을 주며 삶을 유지해 가는 여성이었다. 조선 시대에는 기생 때문에 화를 입은 관리들이 많았다.

　태조 때 황해도 관찰사를 지낸 송문중　　　의 아들 송개석이 기생 양대　　를 사랑했는데, 대호군　　송거신　　이 빼앗아 갔다. 송개석이 분을 이기지 못하여 개국 공신인 판승추부사 조영무의 집에다 투서를 던져 넣었다.

　"거신이 영무를 죽이고 난을 일으키려고 한다."

　조영무가 임금께 아뢰자 임금이 송거신을 불러 물었다.

신윤복 〈주유청강周遊淸江〉, 18세기, 간송미술관

"너를 원수로 여기는 자가 누구냐?"

"기생 때문에 개석이 나를 원수로 여깁니다."

임금이 순금사에 명하여 송개석을 가두고 심문하게 하였다. 과연 투서를 넣었다고 자백하였다. 그러자 송개석의 늙은 어머니가 임금에게 탄원하였다.

"큰 아들인 개신은 일찍 죽고 오직 개석만 남아 있습니다. 죄를 면해 주시어 제사를 잇게 하여 주십시오."

임금이 불쌍히 여겨 송개석의 죽음을 면하여 주고 순금사에 명령하였다.

"개석의 죄는 죽어 마땅하지만, 그 어미를 위하여 용서한다. 곤장을 치되 죽게 하지는 말라."

송개석은 곤장 100대를 맞고 경상도 합포로 귀양 갔다.

하마터면 관찰사까지 지낸 인물이 기생 때문에 목숨을 잃을 뻔한 사건이었다. 모름지기 남과 원수지간이 될 정도로 척지고 살아서는 곤란하다. 나중에 반드시 후환이 있기 마련이니까.

뱃놀이를 하다가 기생이 죽는 바람에 파직당한 수령도 있었다. 태종 2년 10월 어느 날 단양 군사   박안의   가 청풍 군사 황보전   , 강릉 판관 김질   , 제천 감무 유여   등과 함께 단양강에 배를 띄우고 술을 먹다가 배가 기울어서 기생 한 명과 아전 한 명이 물에 빠져 죽고 말았다. 충청도 관찰사 함부림이 사건을 조사하여 박안의 등에게 태형을 치고 본직으로 돌려보냈다. 사헌부는 박안의 등을 처벌해야 한다고 주장하고 나섰다. 마침 대사면이 있어서 단양 사람인 우정승 이무 등이 장계를 올려 박안의를 용서해주기를 청하였다. 장계를 본 임금이 노하여 말하였다.

"사람이 죽었으면 어찌하여 일찍이 아뢰지 않고 지금 사면할 시기에 용서를 청하는가? 매사가 이와 같다면 내가 국사를 보지 않는 것이 옳다. 함부림이 박안의를 파직시키고 의정부에 보고하고 나서 사헌부에 알렸어야 마땅하다. 다만 태형만 가하여 본직으로 돌려보냈으니, 어찌 알지 못하여 그렇게 한 것인가? 사욕이 끼어 있었기 때문이다. 죽고 사는 것은 큰일이다."

관찰사에게 사심이 있어 사람을 죽게 한 수령들을 제대로 처벌하지 않았다고 임금이 질책하였다. 결국 박안의는 임금의 단호한 뜻에 따라 파직되고 말았다.

도덕을 중시했던 조선 왕조의 유교 질서 속에서 기생 때문에 여러 가지 문제가 발생하자 몸을 파는 기생인 창기娼妓를 없애려는 움직임이 초기부터 일었다. 창기는 주점을 중심으로 지체가 낮은 양인이나 천인 남성들을 상대하며 직업적으로 매춘 행위를 한 가장 하급의 기생이었다.

창기 폐지 움직임은 태종 때 활발히 나타났다. 태종 10년 10월 임금이 전국의 창기를 없애라고 명하면서 강력한 의지를 표명하였다가 금방 철회한 적도 있었다. 여러 신하들은 모두 임금의 뜻에 맞추어 창기를 없애자고 청하였으나, 영의정 하윤이 홀로 불가하다고 하였다. 임금이 웃고 그대로 따랐다는 것이다. 하윤이 어떤 말을 하였는지는 알려지지 않았으나, 아마도 창기의 필요성과 제거의 어려움 등을 지적하지 않았을까 생각된다. 하윤은 역시 혜안을 지닌 늙은 정승이었나 보다.

그 후에도 창기를 없애야 한다는 주장이 여러 차례 나왔지만, 성공하지 못했다. 오히려 시대가 내려올수록 창기의 수는 더욱 증가하였다. 최근 우리나라에서도 매춘을 없애려고 무진 애를 쓰고 있다. 소위 집창촌을 없애고 창녀들을 내쫓아 매춘을 뿌리 뽑으려 한다. 집창촌을 없애면 문제가 해결될 줄 알았으나, 풍선 효과가 나타나 매춘은 오히려 주택가 등으로 파고들어 더욱 교묘하게 번성하고 있지 않은가. 지금이나 예전이나 세계에서 가장 오래된 직업 중 하나라는 창녀와 매춘을 없애기가 얼마나 어려운 일인가 다시금 실감하게 된다.

섬으로 귀양 간 코끼리는 날로 수척해지고, 사람을 보면 눈물을 흘렸다고 한다.

16

코끼리에 밟혀 죽은
관리가 있었다?

　동물원에 가면 코끼리를 흔하게 보지만, 예전에는 코끼리가 매우 귀했다. 원래 아프리카나 인도 등에서 기르던 코끼리가 우리나라에 처음 들어온 것은 조선 태종 때였다. 길들인 코끼리, 즉 순상 한 마리를 일본에서 보내 주어 기록상에만 보이던 코끼리의 실물을 처음으로 대하였다. 태종 11년 2월 일본 국왕이 코끼리 한 마리를 보내자 사복시에서 기르게 하였다. 코끼리는 날마다 콩 4~5말을 먹어 치웠다고 한다.

　코끼리가 들어온 이듬해 12월에 공조 전서를 지낸 이우　가 기이한 짐승이라 하여 코끼리를 보고는 꼴이 추하다며 비웃고 침을

119

뱉었다. 코끼리가 화가 나서 그를 밟아 죽였다고 한다. 성격이 온순한 코끼리가 자기를 모욕한다고 여기고 응징을 하였다니, 화가 나도 엄청나게 났던 것 같다. 그 후에도 코끼리를 기르던 종이 채여서 죽는 일도 있었다.

코끼리가 사람을 해치고 곡식을 먹어 치우자 신하들은 모두 코끼리를 싫어하여 완전히 애물단지 취급을 했다. 급기야 2년 후인 태종 13년 11월에 병조 판서 유정현이 코끼리를 전라도의 섬으로 옮겨야 한다고 진언하여 윤허를 받기에 이르렀다.

"일본에서 바친 길들인 코끼리는 성상이 좋아하는 물건도 아니요, 또한 나라에 이익도 없습니다. 두 사람을 해쳤는데, 만약 법으로 논한다면 사형이 마땅합니다. 일 년에 먹이는 꼴은 콩이 거의 수백 석에 이릅니다. 주공周公이 코뿔소와 코끼리를 몰아낸 고사를 본받아 전라도의 해도로 옮겨 두도록 하십시오."

임금이 좋아하지도 않고, 먹이를 너무 많이 소비하며, 더구나 사람까지 죽인 코끼리를 섬으로 추방해야 한다는 말이었다.

불쌍한 코끼리는 귀양을 가듯이 섬으로 쫓겨나 전라도 순천부順天府의 장도에 방목되었다. 수초水草를 잘 먹지 않아 날로 수척해지고, 사람을 보면 눈물을 흘렸다고 한다. 전라도 관찰사가 코끼리 상태를 보고하자 임금은 이듬해 5월에 코끼리를 육지로 내보내게 하였다. 섬에서 잘 적응하지 못한 코끼리는 거의 반 년 만에 육지로 나오게 되었던 것이다.

육지로 나온 코끼리는 전라도의 네 고을에서 돌아가면서 기르다가, 세종 2년1420 12월부터는 다시 충청도와 경상도에서도 번갈아 기르도록 하였다. 그러다 육지로 나온 지 네 달 만에 충청도 관찰사의 건의에 따라 다시 섬으로 쫓겨나는 신세가 되었다. 세종 3년1421 3월에 충청도 관찰사가 올린 장계는 이러했다.

"공주에서 코끼리를 기르는 종이 코끼리에 채여서 죽었습니다. 나라에 유익함이 없고, 먹이는 꼴과 콩이 다른 짐승보다 열 갑절이나 되어 하루에 쌀 2말, 콩 1말씩이 듭니다. 1년에 소비되는 쌀이 48석이고, 콩이 24석입니다. 화를 내면 사람을 해쳐 이익이 없을 뿐 아니라 도리어 해가 됩니다. 바다 섬 가운데 있는 목장에 내놓으십시오."

사람을 죽이고 곡식을 과소비하며 이익도 없어 도로 섬으로 돌려보내야 한다는 내용이었다.

"물과 풀이 좋은 곳을 가려서 코끼리를 내놓고 병들어 죽지 말게 하라."

임금이 윤허여 코끼리는 육지로 돌아온 지 7년 만에 다시 섬으로 추방되어야 했다.

조선에 딱 한 마리 있었던 코끼리는 불우한 일생을 살아야 했다. 자기들이 보낸 코끼리가 푸대접을 받고 있다는 소식을 들었는지, 일본에서는 더 이상 코끼리를 보내지 않았다. 일본에서 조선으로 보내진 것만도 서러운데, 그것도 부족하여 조선에서 괄시를 당하고 육지와 섬으로 쫓겨 다니며 살아야 했던 코끼리에게는 참으로 기구한 운명이었다.

카르타고의 영웅 한니발 장군은 코끼리를 이끌고 알프스 산맥을 넘어 로마로 진격했고, 중국에서는 코끼리가 궁궐 문을 시위하도록 했다고 한다. 조선의 위정자들은 희귀한 코끼리에게 먹이도 제대로 주지 않고 방치하다시피 했다. 참으로 아쉬운 일이 아닐 수 없다. 잘 길러서 요긴하게 활용하거나, 백성들에게도 구경시켜 주려는 생각을 왜 안 했는지 모르겠다.

앙리 모트의 〈론 강을 건너는 한니발의 코끼리〉, 1878년, 위키피디아

2차 포에니 전쟁(B.C 218~202) 에서 카르타고 명장 한니발(B.C 247~183)은 험난한 피레네와 알프스 산맥을 코끼리 37마리로 무사히 넘어서 로마 제국에 승리할 수 있었다.

태종 曰 "글의 좋고 나쁨이 같다면, 서울에 사는 사람을 장원으로 뽑아라!"

17

조선 시대에는
서울 사람을
장원으로 뽑았다?

모든 시험이 그렇듯 조선 시대의 과거 시험도 성적순으로 합격자를 정한다는 것이 원칙이었다. 다만 태종 때는 원칙을 버리고 응시자의 거주 지역으로 장원 급제자를 결정하려는 움직임이 있었다. 지역 안배와는 거리가 먼 움직임이었다.

태종 2년 4월에 실시한 식년 문과 시험의 2차 시험인 복시覆試를 실시한 후 임금이 신하들에게 물었다.

"과거에 응시한 자들 가운데 서울에 사는 사람을 장원으로 삼는 것이 좋겠다."

승지承旨 이응李膺이 대답하였다.

김홍도 〈삼일유가三日遊街〉,
19세기, 국립중앙박물관

"글로써 인재를 뽑는 데 서울과 지방을 어찌 분별하겠습니까?"

임금은 한 발 후퇴하여 동점이라면 서울 사람을 장원으로 뽑는 것이 좋겠다고 말했다.

"글의 좋고 나쁨이 같다면 서울에 사는 사람을 장원으로 뽑거나, 또는 글씨를 잘 쓴 사람을 으뜸으로 하는 것이 좋겠다."

이응은 다시 반대하였다.

"복시 성적의 높고 낮음을 가지고 논하는 것이 옳겠습니다."

신하의 반대로 서울 사람을 장원으로 삼으려는 태종의 뜻이 관철되지는 못했지만, 서울 사람을 우대하고자 한 그의 의지는 확인할 수 있다. 태종의 이러한 의지는 공무원이나 대기업 사원 채용 시 출신 지역을 고려하고자 하는 현재의 지역 안배 정책과는 정면으로 배치된 조치였다.

과거 시험은 공정성이 생명이었다. 공정성에 의문을 품게 하는 웃지 못할 사례가 하나 더 있다. 태종 14년 3월 영춘추관사領春秋館事 하윤, 지춘추관사知春秋館事 정탁鄭擢, 예조 판서 설미수偰眉壽 등에게 명하여 문과 복시의 답안지인 시권試券을 읽고 채점하도록 하였다. 하윤 등이 시권 3통을 뽑아 승지 탁신卓愼을 통해 임금에게 바치면서 장원을 정해 주도록 청하였다.

"세 시권의 잘되고 못된 등급은 어떠한가?"

탁신이 대답하였다.

"두 시권은 서로 비슷하고 하나의 시권은 조금 아래입니다."

"내가 집는 것이 장원이다."

임금이 두 시권을 바치도록 하여 능숙한 솜씨로 하나를 잡았다. 바로 정인지鄭麟趾의 시권이어서 그가 장원이 되었다.

정인지는 나중에 영의정까지 올랐다. 장원이 출세에 얼마나 영향을 미쳤는지는 모르지만, 만일 조금이라도 영향을 미쳤다면 일정 부분 임금님의 손가락 덕분이 아니었을까.

이속의 첫째 죄는 어명을 거역한 것이요. 둘째 죄는 임금을 속인 것이며, 셋째 죄는 사심을 가지고 망령되게 한 죄입니다. 이것이 곧 불충이다.

18
왕실과 혼인을
거절했다가 역적으로
몰린 춘천 군수 이속

왕조 시대에 왕실과의 혼인은 가문의 영광이어서 은근히 바라기도 했겠지만, 오히려 당당히 거절하였다가 패가망신한 사람이 있었다.

태종 17년 9월에 임금이 후궁 신녕옹주信寧翁主 신씨辛氏 소생의 맏딸 정신옹주貞信翁主를 시집보내기 위해 점치는 맹인 지화池和에게 태종 7년 이전에 출생한 남자들의 사주팔자를 구해 운수를 판단하여 아뢰라고 명하였다. 지화가 전 춘천 군수 이속李續의 집에 가서 아들의 사주팔자를 물었다.

"무슨 까닭으로 묻는가?"

"이것은 왕명을 받은 것이다."

"왕실의 혼례가 이미 끝났는데, 또 공주가 있는가? 만일 권權 궁주의 딸이 결혼한다면 내게 자식이 있지만, 만일 궁녀의 딸이라면 내 자식은 죽었다. 나는 이런 혼인을 맺고 싶지 않다."

이속은 사주팔자를 써서 주지 않았다. 권 궁주는 정의궁주貞懿宮主가 되었다가 나중에 의빈懿嬪으로 봉해진 태종의 후궁이었다. 자기 아들을 권 궁주, 즉 후궁의 딸과는 혼인시킬 수 있지만, 평범한 궁녀의 딸과는 혼인시킬 수 없다는 말이었다. 아마 이속은 정신옹주의 혼례가 이미 끝나서 평범한 궁녀의 딸을 자기 아들과 혼인시키려 한다고 잘못 알았던 것 같다.

지화가 이속이 한 말을 아뢰자 임금이 크게 노하였다.

"이속의 가문이 본래 바르지 못하다. 나도 혼인을 맺고 싶지 않다. 그러나 이속의 말이 매우 불공하다."

이속의 매부 하형河逈의 딸 옥생玉生은 강원도 금화 현감 유복중柳復中의 아내인데, 5촌 당숙인 강원도 회양 부사 김사문金士文과 남몰래 정을 통하였다. 임금이 이속의 가문이 바르지 못하다는 말을 한 까닭이다. 이속은 위인이 거만하고 포학하여 남들의 미움을 받았다고 한다.

"이속에게 아들이 있어 내가 궁인宮人의 소생을 출가시키고자 사람을 시켜 사주팔자를 물었다. 이속이 '내 아들은 이미 죽었다. 만일 권 궁주의 소생이라면 내 자식이 살아날 수 있다' 말하고 사주팔자를 바치지 않았다. 이것이 무슨 심보인가? 한쪽은 비록 천하지만 한쪽은 임금이다. 이속이 왕실과 관계하지 않으려는 마음은 무엇인가? 남의 신하가 되어서 이러한 자가 있으리라고는 생각지 못하였다."

임금은 이속의 행위가 매우 괘씸하다고 하면서 서운한 심정을 피력하였다. 그날 당장 이속을 잡아와서 전옥서典獄署의 옥에 가두었다가, 혼사를 속인 죄로 곤장 100대를 때리고 서민으로 강등하였다. 신하들은 임금의 처벌이 너무 가볍다면서 일제히 강력한 처벌을 요청하고 나섰다. 먼저 사헌부에서는 이속을 불충不忠의 죄로 처벌해야 한다고 주장하다가 다시 반역으로 처벌해야 한다고 목소리를 높였다.

"신하의 죄는 반역보다 더 큰 것이 없습니다. 반역죄는 천지가 용납하지 않고 종사가 용서하지 않아 전하께서 사사로이 할 수 있는 것이 아닙니다. 신하가 속으로 다른 뜻을 품어도 마땅히 정상을 캐어서 엄하게 법으로 다스려야 합니다. 이속은 반역의 마음이 이미 나타났으니 마땅히 법에 의하여 죄를 밝혀 바르게 하여야 합니다. 그런데도 전하께서 감형하여 다만 곤장 100대를 때리고 폐하여 서인을 만들었습니다. 신들이 통분할 뿐만 아니라 천지신인天地神人이 함께 분해합니다. 전하는 대의로써 결단하여 법대로 처치하여 공손하지 못함을 징계하십시오."

사헌부에 이어 사간원에서도 같은 청을 하였고, 도승지 조말생趙末生 등도 아뢰었다.

"이속의 죄가 대역에 관계됩니다. 대역의 죄인은 삼족三族을 멸하

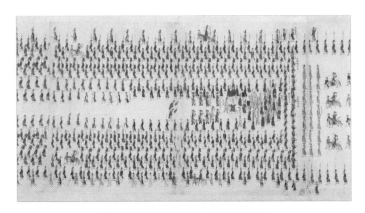

정조의 사도세자가 잠들어 있는 화성 현륭원 원행.
〈화성원행반차도華城園幸班次圖〉부분, 정조 19년(1795)

여야 합니다. 온 나라의 신하들이 누가 베고자 하지 않겠습니까? 감형은 너무 지나칩니다. 비록 법령에 의하여 벌하지는 않더라도 재산을 몰수하고 지방에 안치하십시오."

임금은 이속을 먼 지방에 귀양 보내도록 명하였다.

이속이 귀양을 간 것은 이번이 처음이 아니었다. 태종 11년에 태종의 형인 이방간李芳幹이 왕자의 난에서 패하고 역적으로 몰려 강원도 홍천으로 귀양을 갔다. 그곳에서 충주 목사를 지낸 박도간朴道幹의 딸을 취하여 몰래 혼인을 하였다. 당시 춘천 군수로 있던 이속이 이를 조정에 보고하지 않은 죄로 충청도 괴산으로 귀양을 갔던 것이다.

이속이 귀양을 간 뒤에도 사헌부와 사간원에서는 반역죄로 처벌해야 한다고 재차 주장하였다.

"반역죄는 법에 의하여 마땅히 목을 베고 가볍게 용서할 수 없습니다. 악한 짓을 하는 자는 비록 함정이 앞에 있고 도끼를 목에 대더라도 기탄없이 행합니다. 이것을 놓고 목을 베지 않으면 후대에 무엇을 경계하겠습니까? 전하께서 이속이 저지른 반역죄를 법률에 의하여 시행하여 신하 노릇 하지 않는 마음을 징계한다면 공평하고 바른 도리에 맞겠습니다."

곧 대간에 이어서 의정부도 나섰다.

"이속의 죄는 죽어도 용서할 수 없습니다. 목을 베고 집을 몰수하여 신하와 백성의 분을 풀어 주십시오."

육조에서도 강력한 처벌을 요구하였다

"이속이 신하로서 군주의 명령을 거역한 죄가 첫째요, 불성실한 말로 자식이 죽었느니 살았느니 하여 하늘을 속이고 임금을 속인 죄가 둘째요, 사심을 가지고 망령되게 공주의 계통을 의논한 죄가 셋째입니다. 이속이 무례하게 한 말은 실로 마음이 불충함으로 말미암은 것입니다. 죄가 막대하여 절대 용서할 수 없습니다."

신하들이 파상적으로 이속의 처벌을 주장하였다. 임금도 더 이상 그냥 두지 못해 창원부昌原府의 관노로 삼고 재산을 몰수하도록 하였다.

관노로 전락한 후에도 무사하지 않았다. 5년이 지난 세종 4년1422에 사헌부에서 이속은 왕실을 업신여겼으니 죽여야 한다고 주장하였다. 임금이 윤허하지 않아 목숨은 건졌지만, 왕실과의 혼인을 거절하였다가 반역으로 몰리고 노비로 전락하는 엄청난 화를 당했던 것이다.

수난은 여기에 그치지 않고 친척에게도 미쳤다. 이속이 하옥된 날 사헌부에서 김사문을 체포하여 인륜을 어지럽힌 죄로 직첩을 빼앗고 국문하였다. 3년 전인 태종 14년 어느 날 어머니 상중에 있던 김사문이 이속의 집에서 이속, 유복중과 더불어 밤새 마시었다. 또 유복중의 아내 하옥생과 더불어 윷놀이를 하였다. 이때 김사문이 하옥생이 간음하였다는 것이다.

사헌부에서 국문하였으나 두 사람이 끝내 자백하지 않았다. 사헌부에서 고문을 청하자 임금이 김사문은 상중에 놀이를 한 죄로, 하옥생은 김사문과 윷놀이를 하여 남녀의 분별을 어지럽혔다는 죄로 처벌하게 하였다. 김사문은 곤장 80대를 때리고, 하옥생은 곤장 80대를 속받았다. 이속 때문에 3년 전에 있었다는 확실하지도 않은 일을 구실로 김사문과 하옥생이 억울하게 벌을 받은 셈이다.

한편 이속의 아들에게 시집을 보내려던 정신옹주는 이듬해인 태종 18년 1월에 형조 판서 윤향尹向의 아들 윤계동尹季童에게 시집갔다. 이속의 문제가 조금 잠잠해진 얼마 후에 임금은 다시 맹인 지화를 시켜 신하들의 아들의 사주팔자를 갖추어 아뢰게 하였다. 지화가 윤향의 아들 사주를 가져왔다. 윤향은 왕명을 따르지 않은 죄로 경기도 파주에 귀양을 가 있는 상태였다. 사주를 받은 임금이 말하였다.

"윤향이 내 말을 들으면 비록 물불이라도 피하지 않을 것이고, 또한 참으로 혼인을 하고자 한다 하니 급히 부르라."

　즉시 윤향은 귀양지에서 소환되어 형조 판서로 임명되었고, 혼사도 급하게 추진되기에 이르렀다. 임금의 노여움을 사서 귀양을 간 그로서는 혼사를 거절할 수 없었다. 한 사람은 왕실과의 혼인을 거절하였다가 엄청난 벌을 받았지만, 반면 어쩔 도리 없이 혼인을 수용한 사람은 귀양에서 풀리어 영전하는 혜택을 받았던 것이다.

태종은 총애하는 공신 조영무에게 무한 애정을 표하며 불충에 대한 면죄부를 주었다.

19

정몽주를 죽인 조영무,
왕의 여자를
첩으로 삼았다?

궁궐에서 임금을 모시는 궁녀는 모두 왕의 여인이며, 한번 궁녀
는 영원한 궁녀였다. 궁녀들은 18세가 되면 성년식과 결혼식을 겸
한 관례冠禮를 치렀다. 이때의 결혼식은 임금과의 혼인을 의미하였
다. 모두가 임금과 잠자리를 함께하지는 못할지라도 형식적으로는
임금과 혼인한 것이나 마찬가지였다. 따라서 늙거나 부득이한 일로
궁에서 나가더라도 다른 사람과 결혼할 수가 없었다. 출궁한 궁녀
를 데리고 살면 곤장 100대를 맞아야 했다.

그럼에도 감히 궁녀를 첩으로 삼은 사람이 있었다. 태종 임금의
총애를 받으며 막강한 권력을 행사하던 조영무였다. 그는 태종 이

정몽주 초상화,
1522~1566년 추정, 경기도박물관

방원의 명을 받고 정몽주를 죽여 개국 공신으로 봉해졌고, 조선 건국 후에는 태종을 도와 1, 2차 왕자의 난에서 큰 공을 세워 정사공신과 좌명공신에 올랐다. 그야말로 당시 실세 중의 실세였다.

그런 조영무가 출궁한 궁녀를 첩으로 삼았다가 사헌부의 탄핵을 받는 등 곤욕을 치러야 했다. 우정승으로 있던 그가 처음 탄핵을 받은 때는 태종 12년 6월이었다. 임금이 조영무가 탄핵을 당했다는 말을 듣고 사헌부 지평 이하李賀를 불러 물었다.

"내가 즉위한 지 2년에 김주의 기생첩의 딸 관음觀音이 겨우 열 살이었는데 궁중에 들어왔다. 기생의 소생인 까닭으로 다섯 달 동안 있다가 도로 나가서 시집가는 것을 허락하였다. 이미 십여 년이 되었고 조영무가 첩을 삼은 지도 오래이다. 무슨 까닭으로 지금에 이르러 탄핵하였는가?"

궁녀 관음은 천민인 기생의 딸이어서 출궁시켰고, 임금이 시집가는 것을 허락했는데 무엇이 문제인가라고 반문한 것이다. 이하가 대답하였다.

"역役을 피하는 관노비官奴婢를 붙잡다가 진양의 기생 벽도碧桃의 딸 관음이 조영무의 첩이 된 사실을 알게 되어 탄핵하였습니다."

역을 피하는 관노비를 잡아들이는 도중에 관음이 조영무의 첩이 된 사실을 늦게나마 알게 되어 탄핵하였다는 것이다. 그러면서 조영무를 벌하기를 청하였으나 윤허하지 않았다. 이번에는 대사헌 유정현이 나섰다.

"조영무가 신하의 예를 크게 잃어 전날에 처벌을 청하였으나 윤허를 얻지 못하였습니다. 이 여자는 주상이 비록 가까이하지 않았더라도 궁중에 있은 지 다섯 달 만에 나가서 궁녀임이 분명합니다."

"조영무는 공신이라 죄를 줄 수 없다. 내가 그만두는데 경들이 굳이 청한다면 어떻게 죄를 줄 것인가?"

"불경한 마음을 지닌 신하가 있는데 신이 법을 잡은 관원으로서 그의 죄를 청하지 않으면 죄가 같아지게 됩니다. 이것이 신이 굳이 청하는 까닭입니다. 이제 명하시기를 "어떻게 죄를 주느냐"고 하셨습니다. 신하가 불경한 죄가 있으면 어찌 법령이 없겠습니까? 조영무가 이와 같은 행실이 있으면서 모든 벼슬아치의 수장으로 있습니다. 신 등이 한 나라의 신하가 함께 되었음을 진실로 마음 아파합니다."

"관음이 일찍이 궁내에 들어왔지만, 임금을 가까이 모시지 않은 자이다. 또 일찍이 풍문공사風聞公事를 행하지 말라는 명이 있었는데, 경들이 풍문으로 굳이 청해도 되는가? 다시는 말하지 말라."

풍문공사란 소문을 듣고 탄핵하는 것을 말한다. 이어서 임금은 좌승지左承旨 이관李灌을 조영무의 집에 보내었다.

"사헌부에서 죄를 청하더라도 내가 따르지 않을 터이다. 경은 근심하지 말라."

조영무가 머리가 땅에 닿도록 절을 하며 사례하였다.

"성은이 흡족하시니, 신이 기쁘고 감사한 마음을 말로 다하기 어렵습니다. 신이 재주도 없이 의정부에 있은 지 이미 7년이 되었는데, 여러 번 사헌부의 탄핵을 받아 부끄러워서 얼굴이 붉어짐을 그칠 수 없습니다. 신의 직책을 파면하여 어진 사람으로 대신하십시오."

조영무의 말을 들은 임금이 승지들에게 이르렀다.

"우정승이 지금 교체되면 사람들이 '이 죄 때문이다'고 할 것이다."

이번에는 사간원에서 조영무를 징계해야 한다고 주장하였다.

"조영무가 궁인 관음을 첩으로 삼아 사헌부에서 탄핵하여 불경한 죄를 바로잡고자 하였으나, 전하가 특별히 너그러운 은혜를 베풀어 윤허를 내려 주지 않았습니다. 전에 이르기를 '남의 신하가 되면 공경에 그친다'고 하였습니다. 만일 공경이 없으면 어떻게 군신이 되겠습니까? 관음이란 자가 출궁한 지 얼마 되지 않았는데도 조영무가 감히 첩으로 삼았습니다. 정욕을 부리고 예를 어기어 임금을 공경하지 않은 것입니다. 어찌 대신의 행실이라 하겠습니까? 원컨대 사헌부의 주청에 따라 불경한 죄를 징계하십시오."

궁녀를 첩으로 삼은 것은 자신의 정욕을 채우기 위해 임금에게 불경을 저지른 죄라고 하면서 처벌을 요구하였다. 임금은 이번에도 윤허하지 않았다. 사헌부는 굽히지 않고 며칠 후 다시 조영무를 탄핵하였다.

"지금 조영무가 나라를 위해 가장 큰 공을 세운 공신으로서 직책이 소임에 있는데 불경 무례한 죄를 범하였습니다. 조금도 재상의 체면이 없습니다. 어찌 뻔뻔하게 의정부의 우정승에 앉아 있겠습니까? 엎드려 바라건대 비록 견책은 가하지 않더라도 관직을 파하여서 조정을 무겁게 하고 강상을 바로잡으십시오."

"상소에 '비록 견책을 가하지 않더라도 관직을 파하라'는 말이 있다. 견책을 가한다는 뜻이 무엇인가. 관직을 파하면 견책을 가하는 것이 아닌가? 사헌부에서 어찌 사람의 죄를 청하면서 말이 곧지 않은가? 조영무는 이씨 사직의 신하이고 나의 원훈이다. 영구히 등용하지 않을 수 있겠는가?"

대사헌 유정현이 나와 아뢰었다.

"조영무의 행실이 모든 벼슬아치의 수장에 합당치 않은 까닭으로 다만 파직만을 청하였습니다. 뒤에 다시 쓰는 것은 전하에게 있습니다."

"지금 불량하다고 하여 파직하면 영구히 벼슬길을 막는 것이다."

임금이 이어서 말하였다.

"이 여자의 일은 내가 아주 잘 안다. 궁에 뽑혀 들어온 지 다섯 달 동안에 하루도 가까이 모신 일이 없고 오래도록 행랑에 있었다. 궁 중 사람들이 모두 어리석고 미혹하다고 말하기에 나가서 시집가라 고 명하였다. 그때 마침 내가 개성에 거둥하여 다섯 달을 머물렀다. 개성에 나가서 있은 지 여러 달 만에 조영무가 취하였으니 무슨 허 물이 있는가? 또 당나라 태종이 후궁 6천 명을 놓아 보냈는데, 그 뜻이 모두 여승이 되리라고 생각하였겠는가? 대간은 그 뜻을 자세 히 전달하라."

궁녀 관음이 궁궐에 들어와 있던 다섯 달 동안 임금은 개성에 있 어서 그녀와 가까이하지 않았으므로 조영무가 첩으로 삼아도 문제 가 없다는 말이었다. 사간원의 사간 이육李邪이 나서서 아뢰었다.

"지금 조영무가 대신이 되어서 불경을 범하여 청한 것입니다. 조 영무의 충의가 이 일로 인해 결함이 생겼습니다."

"내가 이미 안다."

임금이 유정현에게 말하였다.

"지금 관음을 특별히 조영무에게 주면 어찌하겠는가? 그러나 내 가 군왕이 되어서 어찌 감히 신하와 더불어 희롱하겠는가?

"특별히 관음을 주신 뒤에 장가드는 것은 가능합니다. 지금 하사 를 받지 않고 장가들었기 때문에 감히 청하는 바입니다."

임금이 유정현을 간곡히 책망하였으나, 유정현이 꼬박꼬박 대답하는 바람에 묻고 대답하다가 아침을 보내었다. 유정현이 마침내 사직하겠다고 으름장을 놓기에 이르렀다.

"신이 어리석어서 관직을 감당하지 못하겠습니다."

임금이 웃으며 말하였다.

"경이 충성하고 곧은 까닭으로 말이 여기에 이르렀다. 대간의 말을 내가 모두 좇으면 아래에 온전한 사람이 없을 것이다. 조금만 하자가 있어도 모두 벌을 주면 사람이 모두 성인일 수 있겠는가? 다시는 청하지 말라."

그러고 나서 조영무에게 직무에 나오도록 명하였다. 태종은 총애하는 공신에게 무한 애정을 표하며 면죄부를 주었던 것이다.

임금은 여러 명의 궁녀들 중 한 사람을 총애하는 공신에게 주었다고 무엇이 문제냐며 대수롭지 않게 생각하였다. 반면 신하들은 임금의 권위에 도전하고 나라를 어지럽히는 중대한 범죄로 여겼다. 이와 같은 군신 사이의 충돌은 조선 시대 내내 줄기차게 이어져 조선 정치의 한 특징이 되었다.

척석희는 놀이를 넘어서 전투 무술로써도 연마되었으며, 태조는 척석군들에게 왜구들을 쫓아가 잡아오게 하였다.

20
조선 시대 군사들은 서로에게 돌을 던지면서 놀았다?

조선에는 돌을 던지며 싸우는 놀이가 있었고, 돌을 가지고 전투를 하는 군인들도 있었다. 태조 이성계는 돌을 던지며 싸우는 놀이인 척석희擲石戲를 무척 즐겼다. 척석희는 석전石戰이라고도 했다. 주로 음력 5월 5일 단오에 마을 사람들이 두 패로 나뉘어 넓은 거리에서 돌을 던지고 막대기로 치며 서로 싸워서 승부를 겨루던 돌싸움 풍속이었다.

애초에는 일종의 무술 연마로 행하여졌다. 지방에서는 향전鄕戰이라고도 불렀다. 이웃 마을끼리 일정한 날을 정하여 서로 싸우며 놀았다. 특히 평양에서는 정월 대보름날에 행하였다.

실록에 의하면 태조가 척석희를 구경하였다는 기록이 자주 보인다. 태조 2년 5월에 개성 수창궁의 청심정淸心亭에서, 이듬해 5월에 수창궁의 동량청東凉廳에서 돌싸움을 구경하였다. 태조 6년 5월에도 경복궁 융무루隆武樓에 올라 돌싸움을 구경하였다고 한다.

태조 3년 4월에는 아예 돌 던지는 놀이꾼들을 모아서 척석군擲石軍을 만들었다. 척석군은 돌을 던지며 싸우는 군인들로서 석척군이라고도 불렀다. 척석군은 고려 시대에도 있었는데, 없어졌던 군대를 태조가 부활시킨 것이다. 그들은 오월 단오에 두 패로 나누어 서로 돌을 던져서 무예를 겨루었다. 척석군을 조직한 직후 임금은 동량청에서 그들을 사열하고 중추원사中樞院使 조기趙琦에게 명하여 거느리게 하였다.

척석군들은 실제로 전투에 동원되어 활약하기도 했다. 태조 6년 7월에 순녕군順寧君 이지李枝, 상의중추원사商議中樞院事 이천우, 첨절제사 전영부全英富 등을 보내어 갑사와 척석군을 거느리고 왜구를 쫓아가 잡게 하였다. 이듬해 8월에도 임금이 전 판사 정점鄭漸을 시켜 척석군과 다른 군사를 거느리고 배를 타고 가서 왜구를 잡게 하였다.

척석군은 전투 외에 놀이에 동원되기도 했다. 태조 7년 5월 임금이 남대문에 거둥하여 척석희를 구경하였다. 절제사節制使 조온趙溫은 척석군을 거느리고, 판중추원사判中樞院事 이근李懃은 여러 위衛의 대부隊副를 거느리고 좌우편으로 나누어 해가 질 때까지 서로 싸우는 놀이를 하게 했다. 위는 중앙 군사 조직의 편제 단위를, 대부는

〈야전부시도夜戰賦詩圖〉, '북관유적도첩北關遺蹟圖帖', 고려대학교박물관

종구품 무반 잡직의 벼슬을 말한다.

이날 돌싸움을 하다가 죽거나 부상당한 사람들이 매우 많았다고 한다. 놀이라고 하나 실전처럼 치열하게 싸웠던 모양이다. 그러다 보니 척석희를 석전이고도 불렀던 것이다. 석전이라는 용어가 말해 주듯이 단순한 놀이가 아니라 군사들에게 무예를 훈련시키는 방편이기도 했다.

돌싸움이 너무 격렬하여 부상자가 속출하는 바람에 태종 10년 5월에는 척석희를 금지하기도 했다. 척석희로 인한 사상자가 많이 발생하자 태종이 말하였다.

"척석희를 너희들이 어찌하여 금하지 않는가?"

곧 순금사에 명하여 척석희를 금하게 하고, 척석희를 한 29명을 잡아 옥에 가두었다. 척석군도 한동안 해체되었다.

척석희 금지는 그리 오래가지 않았다. 태종도 부왕과 마찬가지로 척석희를 매우 즐겼기 때문이다. 상왕으로 물러난 뒤에 태종은 흩어졌던 예전의 척석군을 다시 모으고 사람을 새로 모집하여 척석군을 재조직하였다. 그러고서 한양의 종루에서 돌싸움을 자주 구경하였다.

세종 3년1421 5월에도 상왕 태종은 세종과 종친, 숙직하는 총제, 병조의 당상관堂上官, 승지 등과 함께 종루에서 술자리를 베풀고 석전을 관람한 적이 있다. 이날 태종은 이질에 걸려 앓고 있으면서도 굳이 석전을 보려고 했다. 좌의정 박은이 만류하였다.

"성체聖體가 피로하실까 염려됩니다."

"석전은 내가 보기를 즐겨 하는 것이다. 놀이를 보고 나면 어찌 병이 나을는지 아는가."

태종이 얼마나 돌싸움을 좋아했는지 능히 알게 하는 말이다.

이날의 석전은 좌우 두 패로 나뉘어 싸웠다. 동원된 인원은 오른편의 척석군이 1백 5십여 명이었고, 왼편은 임금과 궁궐을 호위하는 방패군防牌軍 3백여 명이었다. 지휘자가 북을 치자 양편이 함성을 지르면서 서로 어울려 싸우기 시작했다. 척석군이 일방적 우세를 보여 방패군이 번번이 달아나기 바빴다. 방패군을 지휘하던 총제 하경복河敬復은 달아나다 돌에 맞아 구레나룻을 상하기도 했으며, 척석군이 또 다른 방패군의 지휘관인 상호군 이징석李澄石이 탔던 말을 빼앗기도 했다.

상왕이 방패군들에게 물었다.

"어찌하여 매번 이기지 못하느냐."

방패군들이 꿇어앉아 변명하였다.

"저녁놀이 눈부시게 비쳐 오고 바람과 티끌이 얼굴에 가득히 날아와서 돌을 보기가 심히 어렵기 때문입니다."

상왕이 장소를 바꾸어 싸우게 하면서 투석을 금지하고 몽둥이로 서로 치게만 하였다. 방패군이 역시나 패하였다.

"방패군을 건장한 보병으로 알았는데, 실상은 겁이 많고 용기가 없는 자들이다."

상왕은 임금을 호위하는 병사들이 한갓 돌로 싸우는 군인들을 당해 내지 못하는 모습을 보고 매우 실망했던 모양이다. 급기야 상왕은 척석군 40여 명을 뽑아서 방패군을 도와주게 하였다. 앞장서서 싸우는 자는 다만 척석군뿐이고, 방패군은 모두 도망하여 숨거나 다만 고함만 지를 뿐이었다. 상왕이 영을 내렸다.

"맞아서 넘어진 사람은 다시 치지 말라. 죽거나 다치게 해서는 안 된다."

그러면서 의원이 다친 자들을 치료하게 하였다. 싸움은 저녁 무렵이 되어서야 끝났다.

원시적으로 돌만 들고 싸우는 척석군이 정예병인 방패군을 압도했다. 척석군의 용맹성을 잘 보여 주는 일화로, 돌싸움이 실제 전투에서도 충분히 활용될 가능성이 있음을 짐작하게 한다.

다음 날에도 상왕 태종은 세종과 종친, 정승, 육조의 판서 등을 거느리고 종루에 가서 석전을 구경하였다. 이날은 척석군을 좌우로 나누고 2백여 보의 거리를 두었다. 좌군은 백기를 세우고 우군은 청기를 세워 표지로 하였다. 태종이 영을 내리었다.

"감히 기를 넘어가면서 끝까지 추격하지는 못한다. 기를 빼앗는 쪽이 이기는 것으로 하고, 이긴 쪽은 후하게 상을 주겠다."

처음엔 좌군이 여러 번 이겼다. 돌이 비 오듯 하여 우군의 지휘관이 돌에 맞아 말에서 떨어져 달아났다. 우군이 분하게 여겨 고함을 치면서 추격하였다. 좌군이 무너지자 우군이 백기를 빼앗아서 바쳤다. 태종이 좌군 우두머리 방복생方復生을 불렀다.

"기를 빼앗긴 것은 치욕이다. 마땅히 다시 힘을 다하라."

좌군이 분발하여 우군을 쳐서 크게 이겼다.

석전 도중에는 종루의 누각 아래에 술자리를 베풀고 풍악을 울리게 하였다. 상왕은 척석군에게 술과 고기를 내려 주고 무명 1백 필, 베 2백 필, 일종의 화폐인 저화楮貨 4천 장을 상으로 주었다.

상왕 태종은 척석군이 하는 돌싸움을 매우 좋아했지만, 세종은 부상하거나 사망자까지 나오는 상황을 안타깝게 여겨 별로 탐탁해하지 않았다. 세종 4년1422에 상왕이 승하한 후 마침 척석군을 해체하자는 건의가 올라오자 기다렸다는 듯이 윤허하였다. 세종 때에 한하여 척석군이 사라지고 아울러 척석희도 금지되었다.

척석군의 해체를 주도한 사람은 판부사判府事 허조許稠였다. 그는 세종 11년1429 6월 척석군을 폐지해야 한다는 건의를 임금에게 직접 아뢴 인물이다.

"단오에 돌 던지는 놀이는 옛날부터 있었기에 국가에서 금하여도 능히 그치지 못했습니다. 태종 때에 사신이 보기를 요구하여 병조에서 날랜 사람을 모아 척석패擲石牌를 만들었습니다. 그들이 해마다 단오에 종루가鍾樓街에 모여서 서로 싸워 용맹을 겨루다가 몸을 상하여 목숨이 끊어진 사람도 많았습니다. 신은 또한 강하고 사나운 무리들이 서로 붕당朋黨을 맺어 혹시 뜻하지 않은 변고가 발생할까 두렵습니다. 국가에 아무런 이익도 없는데, 어찌 앉아서 보기만 하고 금하지 않겠습니까. 척석군을 폐지하기를 청하옵니다."

세종이 물었다.

"해마다 이를 보고자 하는 사신이 있어서 마지못하여 그리하였다. 반드시 보고자 한다면 어찌하겠는가."

사실 중국에서 오는 사신들은 단오만 되면 종루에 가서 척석희를 보곤 하였다. 세종 9년1427의 단오에는 사신 세 명이 종루에 올라가서 하루 종일 돌싸움을 구경한 적도 있었다. 임금의 우려를 들은 허조가 답변하였다.

"만일 척석희를 보고자 한다면 임시로 사람을 모집하는 것이 좋습니다. 따로 척석패를 만들 필요는 없습니다."

"그렇다. 빨리 척석군을 폐지하라."

마침내 척석군이 해체되었고 동시에 돌싸움을 금지하는 법령도 만들었다.

사상자 발생을 우려하여 돌싸움을 금하였지만, 제대로 지켜지지 않고 여전히 행하여졌다. 세종 20년1438 단오에는 양녕대군 이제와 익녕군益寧君 이치 등의 종친들이 돌싸움을 구경하였다가 사헌부의 탄핵을 받기도 했다. 예종 1년1469의 단오에도 한양 사람들이 훈련관의 활터에 모여 돌싸움을 하였다. 양편이 서로 싸우다가 사상자가 나오기까지 하였고, 사람들이 다투어 구경하였다고 한다.

어떻게 보면 원시적이고 무지막지한 돌싸움은 뾰족한 오락거리가 없던 시절에는 스트레스를 한 방에 날려 버릴 스릴 있는 놀이였다. 일반 백성들은 물론 임금들도 매우 즐겼으니 말이다.

돌싸움은 한편으로는 척석군에 의해 전투에 활용되기도 했지만, 참여하는 군인이나 일반 백성들에게는 항상 부상이나 사망의 위험이 상존하는 위험하기 짝이 없는 놀이였다. 심지어 살인 등의 범죄에 악용되기도 했다. 조정에서는 돌싸움을 금지하려고 갖은 노력을

기울였으나, 고유의 중독성 때문인지 쉽사리 없어지지 않고 조선
말기까지 행해졌다.

왜구를 추격하던 쾌선은 왜인의 소란이 잠잠해지자, 해안에 방치되거나 위정자들의 공물과 곡식 수송에 쓰이는 일이 벌어지기도 했다.

21

조선에도
쾌속 전함이 있었다

조선 시대의 수군은 바다에서 싸우는 전함의 일종으로 크기가 작고 가벼우며 속도가 빠른 쾌선快船 또는 경쾌선輕快船이라고 불린 배를 보유하고 있었다. 태조 3년 7월 경기도 해변의 경비 강화에 대한 도평의사사의 방안에 당시 쾌선의 기능이 잘 나오고 있다.

"경기도 각 해변의 포구를 지키는 것을 더욱 중하게 해야 합니다. 앞으로는 큰 배를 중요한 곳에 나누어 정박하도록 하여 불의의 사변에 대비하고, 쾌선에 정예병을 실어 여러 섬을 수색하고 적을 쫓아가 잡도록 할 것입니다"

쾌선은 빠른 속도를 활용해 경기도 연안에서 정예병을 싣고 섬을 수색하고, 적을 쫓아가 잡는 임무를 수행하였다. 실제 태종 4년 1월 경기도 첨절제사 윤세진尹世珍으로 하여금 쾌선을 거느리고 가서 왜구를 잡게 한 적이 있었다. 왜선 1척을 포획하고 왜구 6명을 생포하였으며, 그 공으로 윤세진은 임금에게서 비단 1필을 하사받았다.

태종 8년 12월에는 전라도 수군도절제사가 왜적을 방어하기 위한 대책을 건의하였다.

"방어하는 형세를 보면 대선大船, 중선中船은 커서 매우 느립니다. 비록 왜선을 만나도 쫓아가기 어려워서 군사들만 수고롭게 합니다."

임금의 윤허에 따라 속도가 느린 큰 배와 중간 크기의 배들을 대부분 속도가 빠른 쾌선으로 바꾸었다.

세종 2년1420 11월에는 상왕 태종이 대호군 윤득민尹得民에게 명하여 쾌선 3척을 새로 만들게 하였다. 앞서 여러 도의 전함이 빠른 왜선을 미처 따라가지 못하였는데, 상왕이 한스럽게 여겨 쾌선을 건조하게 하였다고 한다.

쾌선이 완성되자 상왕이 친히 한강의 양화도에 거둥하여 성능을 시험하는 장면을 관람하였다. 귀화한 왜인을 시켜 왜선을 타고 10여 보 가량 먼저 떠나가게 한 후 윤득민과 대호군 최해산崔海山, 군기시軍器寺 부정 이예李藝를 시켜 수군을 거느리고 각기 쾌선 1척씩을 몰아 쫓아가게 하였다. 윤득민의 쾌선이 가볍고 민첩하여 빠르기가 왜선보다 나았다. 쾌선의 성능에 만족한 상왕은 수군들에게 음식과 술, 베를 차등 있게 내려 주었다.

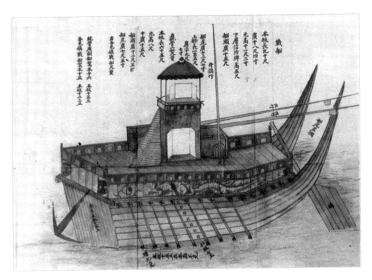
조선 시대 수군의 쾌선 그림

　3년 뒤에는 병조에서 경상좌도의 각 포浦들이 작고 가볍고 빠른 경쾌선을 만들어 대처하도록 하였다. 사직司直 정숭립鄭崇立은 경쾌선을 이용하여 왜적을 잡는 계책을 건의하기도 하였다. 즉, 도만호都萬戶로 하여금 경쾌선을 더 만들도록 하여 여러 섬을 수색하게 하고, 물건을 실어 나르는 조운선漕運船이 제주에서 나올 때에 만호가 경쾌선을 타고 순행하면서 호위하도록 한다는 계책이었다. 임금은 윤득민에게 명하여 그의 계책에 따라 임기응변하게 하였다.

　중종 5년1510에 삼포왜란三浦倭亂이 일어나자 수사水使와 병사들이 병선을 혁파하고 경쾌선을 만들어 대처하였다. 경쾌선에는 10여 명

내지 7~8명의 수군을 태워 방어에 편리하게 하였다. 특히 경상도 수군절도사水軍節度使 이안세李安世가 조그마한 배를 만들어 경쾌선이라 이름하였다. 그 배가 왜구들을 추격할 때면 나는 듯이 빨라서 왜선과 다를 게 없었다고 한다. 그러자 비변사備邊司에서 병선 1백 50여 척을 경쾌선으로 개조하게 하였다. 병선 1척을 부수어 경쾌선 2척을 만들었는데, 선체가 작아서 6~8명이 탈 정도의 크기였다.

그 후 왜인의 소란이 잠잠해지면서 경쾌선을 바닷가에 매어 두고 방치하는 상황에 처하게 되었다. 심지어 전라도에서는 미역을 딸 때 만호, 첨사僉使, 수사 등이 더러 사용하는 정도였다. 충청도에서는 전혀 사용하지 않고 해안에 그대로 방치해 놓았다. 예전에는 유용하던 배가 이제는 도리어 무용해져 버렸다는 탄식이 나올 정도였다.

한 술 더 떠서 중종 23년1528 12월 전함사典艦司 제조提調로 있던 심정沈貞은 경쾌선을 모두 없애 버려야 한다는 건의를 하기까지 하였다. 개인이 가진 사선私船이 공물이나 세금으로 거둔 곡식을 배로 운송하는 조운을 담당하고 있는 폐단을 없애기 위한 방안이었는데, 경쾌선을 없애 버리고 낡은 병선을 수리하거나 새로 병선을 건조해야 한다고 주장하였다. 병선으로 부족한 조운선을 보충하거나 조운선을 호위하도록 해야 한다는 것이다. 심정의 주장에 임금도 동조하고 나섰다.

"물에서 왜인을 막는 것은 본디 우리나라 사람의 장기가 아니다. 경쾌선이 있더라도 왜인을 쫓아낼 수 없다."

왜선을 잡는 데 많은 공을 세운 쾌선은 사라지고, 나머지 병선들마저 공물을 옮기거나 조운을 호위하는 신세로 전락할 위기에 처하고 만 것이다. 국왕과 대신 등의 위정자들이 바다가 조금 조용하다고 해서 국방을 게을리하고 오직 자기들의 호의호식에 필요한 공물과 곡식의 수송에만 신경을 썼으니 한심한 일이다.

쾌선을 없애야 한다는 주장에도 불구하고 다행스럽게 모두 폐기되지는 않았다. 명종 10년1555에 일어난 을묘왜변乙卯倭變 때 쾌선을 보내어 제주도에서 발호하는 왜구의 동태를 정탐하게 한 일이 있고, 임진왜란壬辰倭亂을 치르면서 전선에 투입된 바도 있다. 그러나 예전의 명성은 영영 회복하지 못하고 말았다.

조선 건국 직후부터 나돌기 시작한 유언비어는 세상을 어지럽히고, 심지어 무고한 사람의 목숨마저 앗아갔다.

22

조선에도
유언비어가 난무했다?

건국 초창기에는 여러모로 어수선한 시절이라 여기저기에서 각종 유언비어가 난무하여 무지한 백성들을 선동하고 사회를 혼란에 빠뜨리기 마련이다. 태종 8년 10월에도 신생 왕조의 운명에 관한 헛소문이 나돌아 조정을 한동안 떠들썩하게 하였다.

전 사재감 윤보로尹普老가 중대한 정보 하나를 임금에게 고해바쳤다. 해전고解典庫 주부를 지낸 임형林鎣이 "이씨의 사직은 30년일 뿐이다"라고 말했다는 내용이었다. 전직 관리가 이제 막 출범한 이씨 왕조의 수명이 겨우 30년밖에 되지 않을 것이라고 악담을 한 것이다. 조선 왕조가 빨리 망하라는 말과 같은 의미여서 대역 모반에 버금가는 범죄 행위였다.

조정에서는 임형을 잡아들여 찬성사 윤저尹柢로 재판장 격인 위관委官을 삼고 대간, 형조와 함께 국문해 그가 한 말의 출처와 서로 대화한 사람을 대라고 추궁하였다. 임형은 부여에 사는 백성 김귀金貴의 집에 참서讖書가 있어서 보았고, 전 헌납獻納 김섭金涉과도 이야기했다고 진술하였다. 참서란 앞일을 예언하는 말을 적은 책을 말한다.

순금사에서 관련자들을 체포하여 국문하고 결과를 보고하였다. 임형은 "이씨의 30년 왕업이 끝난 뒤에 다른 이씨가 나온다."고 김섭에게 말하였고, 금년 추석에 중광사重光寺에서 윤보로에게도 같은 말을 하였다고 진술하였다. 김섭은 임형이 참서의 말을 이야기하기에 "이런 괴이한 말은 다시는 말하지 말라." 하였고, 그 말이 상서롭지 못하여 감히 드러내 고하지 못하였다고 진술하였다. 김귀는 "임형이 일찍이 우리 집에 왔기에 집에 감추어 두었던 '인묘년寅卯年에는 일을 알 수 있고, 진사년辰巳年에는 성인이 나온다'라는 참서를 내어 보여 주었다."고 진술하였다.

진술에 따라 그들에게 판결이 내려졌다. 임형은 《대명률》의 "큰 말을 떠들어 대어 많은 사람을 선동하고 현혹시킨 죄"에 의하여 참형에 처하도록 하였다. 김섭은 정상을 알고도 죄인을 은닉한 죄라며 곤장 100대에 유형流刑 3천 리에 처하여 경상도 영해로 귀양 보내게 하였다. 김귀는 사사로이 요서妖書를 감춰 두고 관청에 보내지 않은 죄로 곤장 100대에 도형 3년에 처하였다. 이미 임형은 국문을 받다가 옥중에서 죽었으나 시체를 끌어내어 목을 베었다.

태종 6년 9월에는 태종과 상왕인 정종 사이에 불화가 생겨 상왕이 복위할 것이란 소문이 돌기도 하였다.

평안도 은주에 살던 전 호군 이운계_{李云罪}의 종인 광대_{廣大}가 한양에서 돌아와 상전에게 말하였다.

"공신과 각 관청의 관원은 자하문_{紫霞門}으로 나아가고, 개성에서는 성문을 경계하여 지키고 있으며, 평양에 이르기까지 모두 경비를 하고 있습니다."

이운계가 이 말을 듣고 몰래 지순주사_{知順州事} 김인의_{金仁義}에게 일렀다.

"요새 승지는 일을 아뢸 수 없고, 공신과 백관은 날마다 자하문에 모이고, 시위 갑사도 모두 흩어졌다고 합니다. 지금 주상과 인덕궁_{仁德宮}의 상왕 사이에 틈이 생겨, 공신과 백관들이 상왕에게 돌아가 '선왕_{先王}'이라 부른다고 합니다. 상왕은 그대의 옛 임금이니 복귀 명령이 있을 것입니다."

김인의는 본래 임금이 되기 전부터 상왕을 섬기던 자라 이운계의 말을 듣고는 기뻐하였다. 그는 비밀스럽게 이운계의 말을 적은 편지를 이웃 고을 수령인 지자주사_{知慈州事} 신보안_{辛保安}에게 보내었다. 신보안은 편지를 보고 놀라서 도순문사_{都巡問使} 조박에게 보냈고, 조박은 조정에 보고하였다. 신보안은 편지 때문에 혹시 화를 당할지 몰라 신고해 버린 것이다.

순금사에서 이운계와 김인의를 잡아다 심문하자 모두 사실을 자백하였다. 이운계는 처형하고 김인의는 곤장 60대를 쳐서 백성으로 강등시켰다. 정국과 관련된 유언비어를 선불리 퍼뜨렸다가 죽음을 당하기까지 한 것이다.

유언비어는 사실 건국 직후부터 나돌기 시작했다. 태조 3년 12월에 나라에서 흰 빛깔의 개, 말, 닭, 염소 등을 기르지 못하게 한다는 소문이 떠돌아 세상을 어지럽게 하고 백성들을 불안에 떨게 하였다. 조정에서 조사해 보니 수원의 기관記官 능귀能貴와 용인 호장戶長 희진希進의 소행으로 밝혀졌다. 그들은 모두 참수형에 처해졌고, 시체는 여러 도에 효시되었다.

이듬해 5월에는 "명나라에서 조선에 군사를 보내어 치려고 한다"는 헛소문을 퍼뜨린 요동의 중 각오覺悟를 참수형에 처하였다. 순군옥에 가두고 국문하자 '요동의 민閔 천호가 군사를 거느리고 전쟁에 나갔는데, 조선 사람이 명나라의 허점을 노릴까 봐 나를 보내 정탐하게 한 것이다.'라고 하였다.

한편 태종 때는 금이 나오는 우물이 있다는 헛소문이 돌아 임금이 친히 금을 찾아보도록 지시한 일도 있었다. 태종 3년 8월에 어떤 중이 대궐에 와서 고하였다.

"경기도 양주 땅에 금이 나오는 우물이 있습니다. 제가 꿈에서 우물을 보고서 파 보았더니 과연 금이 있었습니다. 꿈에서 깨어나 우물가에 나무를 심어 표를 하였는데, 지금 이미 3년이 지났습니다."

임금이 곧 내시 이용李龍을 시켜 중과 함께 역마를 타고 가서 살펴보게 하였으나 헛일이었다. 임금은 중이 요망하다고 하여 양주의 옥에 가두었다. 우물에서 금이 나온다고 거짓말을 한 사람도 나쁘지만, 실제로 내시까지 보내어 살펴보도록 한 임금도 큰 실수를 한 셈이다.

신하들이 운하 건설에 찬성했으나, 태종은 백성들의 어려움을 염려하여 더 이상 일이 진척되지 않았다.

23

한양에 운하가 건설될 뻔했다?

우리나라에 운하를 건설하려는 역사는 고려 시대로 거슬러 올라간다. 고려 중기 최충헌崔忠獻의 아들 최이崔怡가 인천 앞바다와 한강을 직접 연결하는 우리나라 최초의 운하를 건설하려다가 무산된 바 있다.

조선 건국 후에도 운하를 건설하려는 시도는 이어졌다. 먼저 태조가 충청도 태안군 북쪽에 조운선이 다닐 운하를 파려고 하였다. 태조 4년 6월 임금이 지중추원사知中樞院事 최유경崔有慶을 태안에 보내어 운하를 팔 곳을 알아보게 하였다. 최유경이 돌아와서 보고하였다.

"땅이 높고 단단한 돌이 많아 갑자기 팔 수는 없습니다."

보고에 따라 일이 더 이상 진척되지 못하였다.

태종 때도 서울에 운하를 파려는 움직임이 있었다. 태종 13년 7월 좌정승 하윤 등이 용산강에서 숭례문崇禮門까지 운하를 파자고 제안하였다. 임금이 윤허하지 않아 성사되지는 못했지만, 서울 한복판에 운하를 낼 생각을 했다니 대단한 일이다. 용산강은 현재의 한강대교에서 마포까지의 한강 중·하류를 일컫는다.

하윤이 임금에게 올린 운하 건설 방안은 이러했다.

"경기도의 군인 1만 명, 서울의 대장隊長과 대부 4백 명, 군기감軍器監의 별군別軍 6백 명 등 모두 1만 1천 명의 군사들을 징발하여 양어지養魚池를 파고, 숭례문 밖에 운하를 파서 배를 통행하게 하소서."

"우리나라의 땅은 모두 사석沙石이라 물이 머물지 않아서 중국이 판 운하를 본받을 수 없다. 내가 장차 면전에서 의논하겠다."

임금이 의정부에서 신하들의 의견을 물었다.

"숭례문에서 용산강까지 운하를 파서 배를 통행하게 한다면 진실로 다행스러운 일이다. 다만 모래땅이라 물이 항상 차지 못할까 염려스럽다. 경들은 어떻게 생각하는가?"

"가합니다."

대부분의 신하들이 찬성의 뜻을 나타내었다. 지의정부사知議政府事 박자청朴子青이 의견을 아뢰었다.

"땅은 모두 수전水田이라 새지는 않을 것입니다. 땅을 파는 공사는 1만 명이 한 달 동안 하면 되니 시험해 보십시오."

한성 수선 전도, 1840년, 국립중앙박물관

　다만 의정부 찬성사 유양柳亮만이 유독 반대 의견을 내놓았다.

　"용산강은 도성에 가까운데 어찌 백성들을 힘들게 할 수 있습니까?"

　대부분의 신하들이 운하 건설에 찬성했으나, 임금이 백성의 어려움을 걱정하여 논의를 중지시켜 더 이상 일이 진척되지는 못했다. 태종이 운하 공사를 허락하였다면 아마도 우리나라 최초의 운하가 서울에 등장하였을 것이다.

비와 귀신을 부릴 수 있다고 자만한 문가학은 섣불리 역모를 꾸미다 극형에 처하고 만다.

24

문익점 조카 도사
문가학, 역모를 꿈꾸다

경상도 진주 땅에 문가학文可學이라는 도사가 살고 있었다. 목화를 우리나라에 도입한 문익점文益漸 선생의 조카로 알려져 있기도 한 그는 태일산법太一算法을 익힌 도가道家의 술사術士였던 것 같다. 태일산법은 《태일경太一經》이라는 도가의 술법서로 일기를 예측하고 일식과 월식을 계산하는 등의 수법이다.

"나는 비가 내리고 볕이 날 낌새를 미리 안다."

문가학이 하고 다니는 말을 믿는 자들이 점점 많아졌다고 한다. 소문은 급기야 조정에도 알려졌다. 태종 2년에 가뭄이 심하게 들자 예문관 직제학直提學 정이오가 문가학에게 술법이 있어 능히 비를 내리게 한다며 천거하였다. 임금이 그에게 역마를 타고 서울에 오게 하여 비를 빌게 하자 과연 비가 내렸다. 그 공으로 쌀과 옷을 내려 주었다.

이전에도 그가 비를 오게 한 적이 여러 번 있었다. 경기도 광주에서도 목사의 부탁으로 비가 오게 한 적이 있었다. 세 번을 그렇게 하자 사람들이 매우 혹하였다고 한다. 그 후 한양을 떠나 개성에서 백성들에게 술법을 퍼뜨리며 지내었다.

태종 6년 11월 문가학이 은밀히 생원生員 김천金芸에게 말하였다.

"이제 불법佛法은 쇠잔하고 천문天文이 여러 번 변하였소. 내가 《신중경神衆經》을 읽어 신神이 내리면 귀신을 부릴 수 있고, 천병天兵과 신병神兵도 부르기 어렵지 않소. 만약 인병人兵을 얻는다면 거사를 일으킬 수도 있소."

문가학이 감히 반란을 일으키겠다는 뜻을 나타내었다. 김천이 그럴듯하게 여기고 곧 전 봉상시 주부 임빙任聘, 생원 조방휘趙方輝, 전 부정 조한생趙漢生, 전 소윤 김양金亮 등과 함께 문가학에게 붙어 모반을 꾸몄다. 일이 성사되면 문가학을 임금으로 추대하고, 김천은 좌의정, 임빙은 우의정右議政, 조방휘는 우찬성右贊成, 조한생은 지금의 평안도인 서북면 도순문사로 삼기로 약속했다.

어느 날 밤에 그들은 보은사報恩寺 솔밭에 모여 여러 부처와 천신天神, 지신地神에게 거사를 고한 다음 문가학을 임금으로 추대하였다. 임빙에게는 왕이 내릴 교서敎書 두 통을 짓게 하였다. 연철鉛鐵을 사다가 옥새인 어인御印, 의정부의 관인인 의정부인議政府印, 역마를 동원할 수 있는 도장인 병조포마인兵曹鋪馬印, 사신에게 주는 도장인 봉사인奉使印 등도 만들었다. 조한생에게는 평양으로 먼저 들어가 몰래 내통하도록 하였다. 문가학은 도체찰사都體察使, 김천은 도진무都鎭撫라 사칭하며 평양으로 가서 12월 21일에 도순문사를 죽이고 군사를 일으켜 반란을 일으키기로 하였다.

그런데 얼마 지나지 않아 모의가 임빙의 외조부인 조곤趙昆의 귀에 들어가게 되었다. 임빙이 반란 계획을 의심쩍게 여기고 조곤과 상의를 하였던 것이다. 반란 계획을 들은 조곤은 처음에는 거짓으로 계획에 호응하는 척하였다. 그러다가 겁이 나서인지, 상을 받으려고 해서인지 몰라도 곧바로 자수하여 조정에 고해바쳤다.

조곤의 밀고로 반란 음모는 사전에 적발되었다. 문가학과 무리들은 즉시 체포되어 순금사의 옥에 갇히는 신세가 되고 말았다. 사건을 처음 보고받은 임금은 문가학을 미친놈이라고 비난했다고 한다.

"나는 문가학을 미친놈이라 생각한다. 제가 천병과 신병을 부를 수 있다 한다. 미친놈의 말이 아니겠는가?"

황희가 동조자들이 더 위험하다는 뜻을 비치었다.

"한 놈의 문가학은 미친놈이라 하겠으나, 그를 따른 자들이야 어찌 다 그렇겠습니까?"

조정에서는 참찬의정부사 최유경을 위관으로 삼고, 겸판의용순금사사兼判義勇巡禁司事 이숙번, 형조 판서 김희선, 사헌부 집의執義 최부崔府 등으로 하여금 그들을 국문하게 하였다. 그에 따라 사건은 커다란 옥사獄事로 발전하게 되었다.

국문을 마친 조정은 심각한 역모 사건으로 규정하였고, 문가학 일당은 극형을 면할 수 없었다. 사건이 탄로된 지 약 한 달 뒤인 태종 6년 12월 15일에 문가학을 비롯한 임빙, 김양, 김천, 조방휘, 조한생 등 6명을 저자에서 환형帖刑에 처하여졌다. 환형은 거열형車裂刑이라고도 하는데, 죄인의 머리와 사지를 수레에 묶은 채 말을 달리게 하여 신체를 찢어 죽이는 무서운 형벌이었다.

처벌은 여기에 그치지 않고 연루자들의 처자식과 형제들도 연좌되어 죽음을 당하였다. 심지어 문가학의 젖먹이 아들까지도 교수형에 처해지고 말았다. 다만 임빙의 처자와 형제만은 조곤이 자수하였다는 이유로 죽음을 면하였다.

그들 이외에 직접적으로 연관되지 않은 자들도 처벌을 받았다. 조수曹守는 곤장 100대를 맞고 거제도로 귀양 보내져 봉화대에서 일하는 봉졸烽卒이 되었다. 조방휘 누이의 아들을 숨겨 주고 실정을 알고도 자수하지 않았다는 이유였다. 조방휘의 숙부인 승려 묘혜妙惠는 전라도 무안으로, 김양의 조카인 호장 김양의金良義는 경상도 기장으로 각각 귀양 보내어 봉졸로 삼았다.

도사가 섣불리 역모를 꾸몄다가 큰 화를 불러오고 말았다. 불안정한 당시 정국 상황을 잘 보여 주는 하나의 사례라고 하겠다.

《태종실록太宗實錄》, 1431년,
태종 원년(1401)부터 태종 18년(1418) 8월 10일까지의 역사를 기록한 책으로 여기에 문가학의 역모 사건에 대한 기록이 실려 있다.

사대부의 부인들이 가마나 말을 타지 않고 길에서 걸어 다녀 부인의 의를 잃었습니다.

25
사대부 부인이 걸어 다니는 것은 법도에 어긋났다?

조선 시대의 여인들은 거의 집 안에 갇혀 사는 폐쇄적인 생활을 해야 했다. 이와 관련하여 태종 16년 8월 사간원에서 황당한 건의를 한 적이 있다. 양반 사대부의 부인들은 외출도 마음대로 하지 말고 길에서 걸어 다니지도 말도록 하자는 건의였다.

"부인은 밖에서 하는 일이 없고 오직 집안 살림을 주관할 뿐입니다. 사대부의 부인들이 가마나 말을 타지 않고 길에서 걸어 다녀 부인의 의義를 잃었습니다. 이제부터는 부모와 서로 만나 보는 외에는 출입을 하지 말고, 마을 거리에서 걸어 다니지 못하게 하여 풍속을 바로잡으십시오. 어기는 자는 사헌부에서 규찰하게 하십시오."

양반 사대부의 부인이 가마나 말을 타지 않고 걸어 다니는 것은 부인의 의가 아니므로 금지해야 한다는 주장이었다. 부인들은 밖에 나갈 일이 없으니 부모를 만나는 일 외에는 집 밖으로 나가지 못하게 해야 하며, 만약 어기는 여인들은 단속해야 한다고도 했다.

유교적 관념으로 여성들을 철저하게 통제하기 위한 방안이었다. 다행스럽게도 임금이 건의를 윤허하지 않았지만, 남정네들의 집요한 요구에 따라 여인들은 외출도 자유롭게 하지 못하고 거의 집에 갇혀 사는 폐쇄적인 생활을 해야만 했다.

오늘날 일부 이슬람 사회에서는 아직도 조선 시대처럼 여성들이 외출을 마음대로 하지 못한다. 자동차 운전도 못 하게 하는 곳도 있다 한다. 그곳의 시계는 과연 몇 시인가.

한편 조선 시대에는 여인들이 재혼을 못 하도록 하였지만, 조선 건국 직후만 해도 고려의 풍습이 그대로 남아 두 번 이상 결혼하는 여인들이 많았다. 태종 6년 6월 사헌부 대사헌 허응許應 등이 두세 번씩 남편을 얻는 여인들에 대해 비판하며 방안을 건의하였다. 당시 남편이 죽거나 남편에게 버림을 받은 사대부의 본처 중에는 부모가 여인의 수절하려는 뜻을 빼앗아 재가시키거나, 몸단장을 하고 스스로 시집가기도 하는 여인들이 있다며, 그런 여인들은 절개를 잃고도 부끄러워하지 않았다고 한다.

풍속을 해치는 행위를 막아 부도를 바로잡기 위하여 조정에서는 양반의 본처로서 세 번 남편을 얻은 자는 고려의 법에 의하여 〈자녀안恣女案〉에 기록하도록 했다. 이러한 규정은 태종 13년에 편찬된

김준근, 〈기산풍속도첩箕山風俗圖帖〉, 19세기말, 한국브리태니커

《경제속육전經濟續六典》에도 명시되었다.

〈자녀안〉은 원래 음란 방종하여 품행이 나쁜 여자의 이름과 죄명을 적어 두는 명부였다. 고려 시대부터 있었는데, 예종 3년1108에 유부녀가 간음하면 〈자녀안〉에 기록하라는 왕명을 내렸다. 처음에는 음란한 여인만 올렸으나, 조선 시대에 이르러서는 세 번 결혼한 여자도 이름을 올리게 되었다. 여인의 이름이 〈자녀안〉에 올라가면 가문의 큰 수치요, 불명예였다.

조선 건국 직후만 해도 여인이 세 번 결혼하는 행위만 막으려 했다. 그 후에 더욱 강화되어 재혼한 여인의 자녀는 과거 시험을 보지 못하거나 요직에 오르지 못하도록 하는, 이른바 재혼 금지법을 시행하여 《경국대전》에도 등재하였다. 유학이 국가의 통치 이념이 되면서 여인의 삼종지도三從之道와 정절을 강조하였기 때문에 취해진 조치였다. 애초에는 여인들이 두 번까지는 결혼할 수 있었지만, 나중에는 단 한 번만 결혼하도록 횟수를 줄였다. 조선 여인들은 청상과부라도 평생 수절하며 눈물의 삶을 살아야 하는 비극이 시작되었던 것이다.

마음대로 외출하지도 못하고, 길을 걸어 다니지도 못하며, 결혼도 한 번만 해야 하고, 이혼이나 재혼도 할 수 없었던 조선 시대의 여인들은 통제와 차별의 상징이었다. 그녀들은 과연 무슨 생각을 하며 험한 삶을 살아갔을까.

《삼강행실도三綱行實圖》, 1434년(세종 16년),
세종의 명에 따라서 직제학 설순이 조선과 중국의 서적에서 군신·부자·부부의 삼강에 거울이 될 만한
충신 · 효자 · 열녀의 행실을 모아 그림과 함께 만든 3권 3책의 목판 인쇄 책이다.

《오륜행실도五倫行實圖》, 1797년(정조 21년),
이병모李秉模 등이 《삼강행실도》와 《이륜행실도》를 합하여 편찬한 책(5권 4책)으로, 부모와 자식(효자유
친), 임금과 신하(군신유의), 남편과 아내(부부유별), 어른과 어린이(장유유서), 친구들 간(붕우유신)의 관
계에서 마땅히 지켜야 예의를 설명했다, 국립중앙도서관

조정은 황색 옷 입기를 금하였으나 정작 양반부터 천인까지 모두들 황색 옷감으로 만든 옷을 입고 거리를 마구 활보할 정도로 황색 옷은 대유행이었다.

26

조선 팔도에
황색옷을 금하라!

전통 시대에 황색은 황제의 상징이었다. 황제가 아닌 누구도 황색으로 옷을 지어 입거나 물품을 만들어 사용할 수 없었다. 위반하면 최고 대역 모반죄로 극형에 처해지기도 했다.

중국인들은 현玄이 하늘빛이라 가장 높다고 여겼고, 황黃은 땅빛을 의미한다고 보았다. 명나라 초기에 황제의 정복인 곤복袞服은 검은색 현의玄衣, 붉은색 홍상紅裳이었다. 황제의 평상복은 황색이나 자색을 사용하였다. 황태자의 곤복은 황제와 같았고, 황제의 아들이나 형제인 친왕親王의 곤복은 청색을 쓰도록 했다. 나중에는 황제의 곤복도 황색으로 바뀌었다. 중국인들은 황제의 색깔인 황색, 현색, 자색 옷을 입지 못했다. 겉옷은 물론 속옷도 마찬가지였다.

조선 왕조에서는 명나라에게 사대의 예를 표했다. 개국 직후부터 모든 백성들에게 황색 사용을 금지하는 조치를 취하였다. 태조 5년 6월에 모든 남녀 백성들의 황색 옷을 금하였고, 2년 후인 태조 7년 6월부터는 황색만이 아니라 회색과 흰색 옷도 입지 못하도록 하였다.

태종 1년과 6년에도 황색 사용과 황색 옷의 착용을 금지하는 법령을 엄격하게 지키도록 전국에 명하였다. 태종 13년에 편찬된《경제속육전》에도 명시하였다. 세종 때에는 황색 옷만이 아니라 황색과 비슷한 색깔의 옷도 입지 못하게 하였다. 황색은 중국처럼 겉옷만이 아니라 속옷에도 사용하지 못했다.

황색 이외의 청색, 현색 등은 철저하게 금지하지 않아서 일부 사용이 허용되기도 했다. 건국 직후에는 왕을 좌우에서 호위하는 군사들이 자색 옷을 입었고, 중앙의 시위를 맡아보던 방패군도 모두 청의靑衣와 홍상을 입었다. 기생들의 장삼은 청색과 현색이 반반씩 들어갔다.

세종 27년1445부터는 방패군의 옷은 회색으로 고치고, 기생의 옷은 그대로 두되 군이 고쳐야 한다면 청색만을 쓰도록 했다. 더구나 모든 관리와 백성들은 홍색으로도 속옷을 만들어 입지 못하게 하였다.

황색 사용을 금하다 보니 외교적으로 황당한 일이 일어나기도 했다. 태종 17년 5월에 일본 사신이 조선 국왕에게 바치려고 강황

신윤복, 《유곽쟁웅遊廓爭雄》, 간송미술관

을 가지고 왔는데, 색깔이 황색이라는 이유로 받지 않았다. 강황은 생강과에 속하는 풀로, 뿌리를 양념이나 염료로 사용하였다. 당시 조선 조정에서는 그 정도로 황색 사용 금지령을 철저하게 지키려는 모습을 보였다. 중국과의 외교적 문제가 발생할 만한 빌미를 주지 않기 위하여 중국 사신이 보는 곳이 아니더라도 황색에 가까운 것은 무엇이든지 사용을 금지하였다.

  조정에서 법령까지 만들어 가면서 황색 사용을 강력하게 금지했지만, 일반 민간에는 잘 먹혀들지 않았던 것 같다. 세종 26년1444 윤 7월 민간에서 황색 옷을 착용하지 못하도록 하라고 사헌부에 지시한 임금의 말에 저간의 사정이 엿보인다.

"황색은 함부로 사용할 수 없다. 그것을 금하는 법이 《경제속육전》에 뚜렷이 실려 있다. 그런데도 지금 양갓집 부녀와 기생, 공사公私의 천인들까지 노상이나 연회에서 황색으로 물들인 옷을 드러내 놓고 착용한다. 신부가 첫날밤을 치르는 합방 의식을 하는 날과 처음 시아버지와 시어머니를 뵐 때에도 황색 옷을 입기에 이르렀다. 지금부터는 엄금함을 거듭 밝히고 황색 옷을 착용하지 못하게 하라."

임금의 영이 전혀 서지 않아 양반부터 천인까지 모두들 황색 옷감으로 만든 옷을 입고 거리를 마구 활보하였던 것이다.

전직 관리가 황색으로 만든 보자기를 가지고 다니다가 곤욕을 치른 사건도 일어났다. 태종 8년 4월에 전 사재감 이진李農이 지방에서 서울로 들어오면서 종을 시켜 황색 보자기를 가지고 따르게 하였다. 사헌부의 아전 김을지金乙持가 그것을 보고 빼앗으려 했다. 비록 아전이라도 비위를 감찰하는 사헌부 아전은 관원의 잘못을 지적하고 따질 권한이 있었다.

이진이 보자기를 빼앗기지 않으려고 하여 김을지가 이진의 옷을 붙잡고 책망했다. 전 사윤司尹 김조金稠가 길에서 그 광경을 보고 이진을 두둔하려다가 역시나 김을지에게 욕을 당했다. 조정의 관원이 공개적인 장소에서 아전에게 모욕을 당하는 수치를 겪고 말았다. 김조가 분을 품고 사헌부 관리에게 말하였다.

"을지의 무리가 3품 관원을 능욕하였다. 마땅히 형벌을 가해야 한다."

사헌부에서는 오히려 이진과 김조 두 사람을 모두 처벌해야 한

김득신, 《반상도班常圖》, 북한평양조선미술관

다고 주청하였다.

"이진은 법령을 범하여 황색 보자기를 싸 가지고 다녔으면서도 스스로 굴복하지 않았습니다. 김조는 자기와 관계도 없는 일로 사헌부의 아전과 서로 비난하여 스스로 가볍게 욕을 당했습니다."

팔은 안으로 굽는다고 사헌부에서는 관원보다는 자기들의 아전을 두둔했던 것이다. 그리하여 이진은 황해도 평산으로, 김조는 수원으로 귀양을 갔다. 김을지는 조정 관원을 능욕한 죄로 곤장을 때려 내쫓았다.

황색 사용 금지법은 백성만이 아니라 임금에게도 예외 없이 적용되었다. 고려 시대만 해도 임금은 황색을 사용할 수가 있었다. 황색 일산日傘을 쓰기도 하고, 우왕이 황색 종이로 과녁의 한가운데를 만들어 활쏘기를 하였다는 기록도 있다. 조선 초기에 태조와 태종이 황색 비단 요를 잠시 썼다가 없앤 적이 있지만, 조선 시대에 접어들어서는 임금도 황색을 쓰지 않았다. 임금의 정복인 면복冕服의 색깔도 초기에는 청색이었고 후기에는 홍색이었다.

한편 조선 초기에는 황색만이 아니라 흰색과 함께 회색이나 옥색 옷도 입지 못하도록 하였다. 태조 7년 6월 모든 남녀 백성들에게 황색, 흰색, 회색 옷을 금지하도록 했다. 태종 1년 5월에는 흰 빛깔의 의복을 금하였으며, 이듬해 3월에는 회색 옷을 금하도록 명하였다.

당시에는 일반 백성만이 아니라 관리들도 흰색 계통의 관복을 입지 못했다. 태종 11년 4월 임금이 조회를 받고 지신사 김여지에게 명하였다.

"내가 상사喪事를 마친 이후에 오늘에야 비로소 조회를 받는데, 백관의 옷 색이 모두 흰빛에 가까워 매우 놀랐다. 옛사람이 이르기를 '흰 옷을 입는 것은 오랑캐의 징조이다'라 하였다. 이제부터 조회 때에는 너희들이 먼저 채색된 옷을 입는 것이 좋겠다."

8개월 후인 태종 11년 12월 예조에서 회색과 옥색의 의복을 금하도록 다시 청하였다.

"금년 4월에 왕명이 있어 대소의 조회에 회색과 옥색 의복을 금지하였습니다. 그 뒤에 대소 관원이 조회하는 이외에 궐내와 관아 거리에서 공공연하게 입고 다녀 참으로 좋지 않습니다."

김홍도, 〈서당書堂〉, 《단원풍속도첩檀園風俗畵帖》, 국립중앙박물관

　임금은 이듬해 정월 초하루부터 회색과 옥색 의복을 일절 금지
하라고 다시 명하였다. 태종 15년 11월에는 옥색 옷을 금하지 말고
짙게 물들여 입는 것을 허락하라고 명하였지만, 이듬해 4월 옥색
옷을 다시 금지하였다.

　조선 시대에는 황색으로 속옷도 만들어 입지 못했다. 여기서 그
치지 않고 흰색, 회색, 옥색이 들어간 옷도 입지 못하게 하였다. 중
국과의 사대 관계를 고려하더라도 너무 심하지 않았나 하는 생각이
든다.

호패의 재질은 계급에 따라 상아, 녹각, 황양목, 자작목, 잡목 등으로 구분하여 사용되었으며, 상급자는 하급자의 재질을 사용할 수 있었으나 하급자는 상급자의 재질을 사용하지 못했다.

27

조선 시대 신분계급
증명서, 호패

민주화된 현대 사회에서는 상상하기도 어려운 일이지만, 조선 시대에 살던 일반 백성들에게는 거주 이전의 자유가 없었다. 자기가 살고 싶은 동네나 고장으로 마음대로 옮겨 살지 못했다. 재산이나 직업이 없는 백성들이 여기저기 옮겨 다니면 인구가 줄면서 세금도 줄어들기 때문에 백성들을 한곳에 묶어 두려고 했던 것이다.

태조 2년 11월 거주 이전에 관한 도평의사사의 건의를 수용하였다. 호구戶口가 호적에 등록된 이후에 거주지를 멋대로 옮기면 가장은 곤장 100대를 때리고, 받아들인 사람도 가장과 같은 벌을 주도록 했다. 마을 안에서 이사를 오가는 사람이 있는데도 즉시 관청에 알지지 않은 이장里長은 곤장 70대를 때리고, 이사한 자를 본고장으로 돌려보내지 않은 수령과 이사하였는데도 심문하지 않은 수령은 각기 곤장 60대를 치도록 하였다.

백성들의 거주 이전을 막기 위해 취한 또 다른 조치가 호패號牌 제도였다. 호패는 양반부터 노비에 이르기까지 16세 이상의 남자들이 지니고 다녀야 했던 일종의 신분증이었다. 조선 왕조는 백성의 이탈을 막고, 도적을 예방하며, 군역이나 부역 등을 부과하기 위해 초기부터 호패 제도를 제정하여 실시하였다. 태종 13년 9월 1일에 의정부의 제안으로 만든 호패 제도를 살펴보면 다음과 같다.

호패의 형태는 길이가 3촌 7푼, 넓이가 1촌 3푼, 두께가 2푼이고, 위는 둥글고 아래는 모가 지게 한다. 태조 때부터 사용된 영조척營造尺에 의하면 1자는 32.2cm였다. 호패의 길이는 약 11.9cm, 넓이는 약 4.2cm, 두께는 약 0.6cm였다.

호패의 재질로 2품 이상은 상아나 녹각鹿角, 4품 이상은 녹각이나 황양목黃楊木, 5품 이하는 황양목이나 자작목資作木, 7품 이하는 자작목, 서인 이하는 잡목을 쓴다. 단 상급자는 하급자의 재질을 사용할 수 있으나, 하급자는 상급자 재질을 사용하지 못한다.

2품 이상은 오로지 입궐할 때에만 호패를 사용한다.

본인이 호패를 만들어 바치도록 하여 한양은 한성부가, 지방은 각 수령이 맡아서 화인火印을 찍어 준다. 자기가 만들 수 없는 자는 나무를 바치도록 허락하여 공장工匠이 만들어 주도록 한다.

조선시대 호패, 국립중앙박물관

　호패에 쓰는 글로 2품 이상은 "아무 관某官"이라 쓰고, 문무의 정직正職인 현관顯官 3품 이하는 "아무 관"이라 쓰고, 일정한 직무가 없는 산관散官 3품 이하는 "아무 관, 성명, 거처 아무 곳居某處 아무 리某里"라 쓰는데 서인도 또한 같다. 다만 얼굴은 무슨 색이고, 수염이 있는지 없는지를 덧붙인다.

　군관軍官은 계급에 얽매이지 않고 "아무 군某軍, 아무 패某牌 소속"이라 쓰고, 키는 몇 척 몇 촌인지를 쓴다. 천한 일에 종사하는 잡색인雜色人은 "아무 역 사람某役人, 거처 아무 곳"을 쓰고, 종들은 "아무 집 종某戶奴, 나이, 거처 아무 곳 아무 리, 얼굴 색, 수염이 있는지 여부, 키는 몇 척 몇 촌"이라고 써서 화인을 찍는다. 현관은 화인을 면제한다.

　만약 패를 바치고 호패를 받지 않는 자가 있으면 중형으로 논죄하며, 기일 이후에 호패를 받지 않는 자는 신고하도록 허락하여 제서유위율制書有違律에 의하여 처벌한다. 만약 남에게 빌리거나 빌려 주는 자가 있으면 각각 2등을 감하여 처벌한다. 일정한 곳에 머물러 살지 않고 떠돌아다니는 자는 1등을 감하여 처벌한다. 이장과 수령으로서 능히 고찰하여 본거지로 돌려보내지 못하는 자는 각각 2등을 감하여 처벌하며, 관문과 나루의 관리로서 호패가 없는 이를 마음대로 통과시키는 자도 2등을 감하여 처벌한다.

호패를 위조하는 자는 위조보초율僞造寶鈔律로 논죄하며, 호패를 잃어버리는 자는 불응위율不應爲律에 의하여 태형을 집행하고 다시 지급한다. 호패를 함부로 두는 자도 불응위율로써 태형을 집행한다.

호패는 신분과 관직에 따라 재질과 기재 내용이 달랐다. 관직, 성명, 거주지, 나이, 얼굴색 등을 쓰고, 호패를 위조하거나 잃어버린 자 등은 처벌하도록 했다.

호패 제도는 제정된 직후부터 실시되었는데, 호패를 위조하거나 고치는 자들이 많아 시행에 많은 어려움이 뒤따랐다. 서인들, 즉 양인들은 호패를 받으면 곧 호적과 군적에 올라가 군인으로 뽑히거나 과중한 부역이 부과되었기 때문에 기피를 목적으로 호패를 위조하였다.

태종 14년 10월 한성부의 보고가 있었다.

"호패의 법은 백성의 귀천을 구별하려는 것입니다. 간교한 무리들이 감히 깎아 내고 고치는 짓을 행하여 진위가 혼동됩니다."

문제를 해결하기 위해 조정에서는 호패를 다시 만들어 사용하도록 했다. 한양에 거주하는 사람은 호패의 앞면에 "한성부" 3자를 쓰고 그 아래에 화인을 찍었다. 뒷면에는 화인을 찍고 성명, 나이, 신장, 얼굴 모습을 쓰도록 했다. 이렇게 하면 호패 위조를 방지할 것으로 생각했으나, 소기의 성과를 거두지는 못했다. 2년 뒤인 태종 16년 6월 급기야 호패 제도를 폐지하기에 이르렀다. 세조 4년¹⁴⁵⁸ 4월에 다시 호패 제도를 부활했으나, 위조 등으로 시행이 부진을 면치 못하였다.

호패는 무엇보다 거주지에서의 이탈을 막고 세금을 제대로 걷기 위해 만들어서 여자들은 해당되지 않았다. 그렇다고 여자들이 아무런 통제도 받지 않고 자유롭게 돌아다녔던 것은 아니다. 세금 부과 대상에서 제외된다는 것은 그만큼 더한 차별을 받았다는 의미이다.

세종은 노비에게 쌀로 월급과 휴가, 출산 휴가, 복무 면제를 주기도 했으며 공로에 따라 신분 상승의 기회를 제공하라고 왕명을 내렸다.

28

노비에게도
최저 임금을 허하라?

조선 시대의 노비는 주인이 누구냐에 따라서 국가 소속의 공노비와 개인 소유의 사노비로 나뉘었다. 공노비들은 각자 맡은 일정한 직무 외에도 갖가지 고역에 시달려야 했다. 사노비들은 주인집에서 각종 집안일에 동원되거나 주인의 토지에서 농사를 지어야 했다.

공노비에 비하여 사노비의 처지는 더욱 열악하여, 주인들이 마구 구타하거나 잔인하게 학대하는 경우가 많았다. 심지어 노비들의 코와 귀를 베고 얼굴에 문신을 하기도 했다. 이 와중에 맞아 죽는 노비들도 자주 생겨났다. 학대를 받은 노비들은 참다못해 주인을 구타, 살해, 능욕, 고소하는 등의 방법으로 저항하였다. 그마저 여의치 못하면 도망하여 여기저기 떠돌다가 도둑이나 중이 되기도 했다.

사노비들이 비참한 대접을 받은 반면, 공노비들은 여러 가지 혜택을 받았다. 나라에서는 나름대로 보호 내지 구호 차원에서 공노비에게 봉급을 지급하고 휴가를 주기도 했다. 특히 출산을 앞둔 여종에게는 요즘과 같이 출산 휴가를 주는 배려가 베풀어졌다. 나라에 공을 세운 노비들은 양민으로 신분 상승을 시켜 주기도 했다.

건국 직후에는 공노비들에게 저화로 월급을 주었다. 당시 사람들이 저화를 천하게 여기고 쌀을 귀하게 여겨 공노비들은 저화를 달가워하지 않았다. 세종 4년1422에는 노비들의 월급을 쌀로 주게 하였다.

공노비에게 급료를 주도록 했지만, 건국 직후에는 잘 지켜지지 않았다. 급료를 받지 못해 도망가는 노비들이 많았다. 세종 2년1420에 급료를 잘 주도록 하라는 왕명을 내리기도 했다.

당시에는 한양에서 일하는 공노비들에게 휴가를 주기도 하였다. 휴가를 받은 노비들은 고향을 방문하곤 했다. 고향에 내려간 노비들 중에 제때 상경하지 않는 자들이 많았다. 여러 관청의 노비들이 휴가를 얻어 고향에 내려갔다가 곧 상경하지 않으면 관리들이 중앙과 지방 관청 간의 연락을 담당했던 경주인京主人에게 돈을 대신 물어내도록 하였다. 경주인은 지방 수령이 서울에 파견한 아전이나 향리鄕吏였다. 돈을 물어내느라 폐단이 많아지자 세종 2년부터는 휴가를 받은 사람이 기간 내에 상경하지 못하면 해당 도에다 공문을 보내어 독촉하도록 하였다.

김홍도 〈점심〉, 18세기, 국립중앙박물관

관청에서 일하는 여자 노비에게 출산 휴가도 주었다. 건국 직후에는 관청의 노비가 아이를 낳을 때에는 반드시 출산 후 7일이 지나야 일을 하게 하였다. 세종 12년1430에는 산기가 임박하여 복무하다가 미처 집에 가기 전에 아이를 낳는 것을 방지하기 위하여 출산 1개월 전부터 공노비의 복무를 면제토록 하였다.

조선 초기에는 공노비만이 아니라 궁녀들에게도 급료를 주었다. 태종 1년 3월 태조가 거처하는 태상전太上殿에서 일하는 5품 상궁尚宮부터 9품 사식司飾까지의 궁녀들에게 품계에 따라 월급을 차등 있게 주도록 하였다.

종교인에게 세금을 걷는 무세는 조선 시대에 들어서야 정식 세금으로 제도화되었으며, 조선 후기까지 존속했다.

29

조선은 무당에게도
세금을 거두었다?

근래 우리 사회에서는 목사와 승려 등의 성직자들에게 소득세를 거두는 문제로 여론이 분분하다. 아직 성직자들에게 세금을 징수하지는 않지만, 조선 시대에는 종교인 역할을 한 무당에게 세금을 거두었다. 당시 무당이 내는 세금을 무세巫稅라고 했다. 무세는 고려 시대에도 거두긴 했어도 정규 세금은 아니었다. 조선이 들어서면서 정식 세금으로 제도화되었다.

조선 시대의 무세는 일종의 영업세로, 국가에서 3년마다 한 번 작성하는 무당 명부에 의거하여 징수했다. 무세는 원래 매년 두 번 징수하였는데, 세종 5년(1423)부터는 매년 한 차례만 거두었다. 납부

액은 품질 좋은 베인 정포正布 1필이었으나 뒤에는 면포綿布, 즉 무명으로 바뀌었다. 지역에 따라 포 대신 돈으로 납부할 수도 있었다. 지방의 무당들은 무세 외에도 신세포神稅布와 퇴미退米 등의 세금도 내야만 했다. 한양의 무세는 활인원活人院에서 징수하도록 했다. 그 세금으로 백성들의 질병을 치료하기 위해서였다. 지방에서는 감사와 수령이 무세를 거두었다.

무세는 때로 감면해 주는 경우도 있었다. 세종 11년1429 4월 무당과 의생醫生이 지방에 사는 백성의 질병을 구제케 하는 방안을 마련하였다. 무당이 백성들을 치료하되, 치료를 잘한 무당은 무세를 감면하도록 한 것이다. 이때 마련된 방안을 보면 다음과 같다.

"각 고을의 백성들을 가까이 사는 무당에게 맡긴다. 만약 열병을 앓는 백성이 있으면 수령이 의생과 무당으로 하여금 치료하게 한다. 혹시 마음을 써서 구제하고 치료하지 않으면 즉시 논죄한다. 사람을 많이 살린 무당은 연말에 무세를 감하여 주고, 혹은 부역을 경감하여 준다. 만약 환자의 집이 가난하여 치료할 재산이 없으면 서울 활인원의 예에 따라 국고의 미곡으로 하루에 쌀 한 되를 준다."

무세는 그 후 중종 때에 무당이 귀신을 섬기는 음사淫祀를 사림파가 금하면서 폐지하려는 움직임이 나타나기도 했다. 중종 12년1517 9월에 영사領事 신용개申用漑가 건의하였다.

"활인서活人署에서 무녀를 명부에 올려 세금을 거두고 있습니다. 이것을 폐지하고 지방의 무세도 없애야 합니다."

동석했던 지사知事 장순손張順孫도 동의를 표하였다.

신윤복 〈무무도巫舞圖〉, 간송미술관

"무당의 일은 과연 신용개의 말과 같습니다. 또 지방에는 신당神堂의 세포稅布와 퇴미 등의 세가 있습니다. 모두 무당에게서 거두는 것이니 거두지 말아야 합니다."

사헌부 장령 정순붕鄭順朋이 아뢰었다.

"무녀를 활인서에 붙인 본의는 앓는 사람을 고치기 위함이나, 소속이 있게 해서는 안 됩니다."

무세를 없애야 한다는 주장은 임금의 윤허를 받지 못해 이후에도 계속 징수하였다. 현종 때 교서를 내려 예전에 거두지 못한 무세를 모두 탕감하도록 했다는 사실을 통해 조선 후기까지 무세가 존속하였음을 알 수 있다.

무당들은 무세 외에 신세포 또는 신포神布라는 세금도 내야 했다. 본래 신에게 제사를 드리는 데 사용된 비용 중 일정 부분을 거두던 세금이었다. 처음에는 무당에게서 거두었으나, 나중에는 일반 백성들에게도 징수하였다. 백성들은 1호戶에서 1년에 포 1필씩을 내야 했다.

백성들에게 거두는 신세포도 무세처럼 폐지하자는 움직임이 있었다. 문종 1년1451 4월에 사헌부에서 평민에게 신세포를 징수하지 말도록 청했으나 임금의 윤허를 얻지 못하였다.

"강원도, 함길도의 두 도에서는 해마다 신세포를 거두는데, 실로 명분이 없는 세금입니다. 이미 무세를 거두면서 백성에게도 신세포를 징수합니다. 백성이 따로 신세포를 장만해서 바쳐야 하니, 참으로 옳지 못합니다. 더구나 음사를 금하는 법을 세우고도 도리어 그 세를 징수하는 것은 앞뒤가 뒤바뀐 일이 아니겠습니까? 하물며 국가에 수입되는 것은 적고, 거의 수령과 감사가 남용하고 있습니다. 설혹 무당의 풍습을 모두 없앨 수는 없을지라도 단지 무세만을 거두고 평민은 신세포를 바치지 않도록 하십시오."

백성들은 굿을 하면서 무당에게 굿값 등의 경비를 내야 했다. 그런데도 나라에 세금까지 내도록 하는 것은 부당한 조치라면서 신세포를 없애야 한다고 건의하였던 것이다. 무당에게 걷는 무세는 그대로 두어야 한다고 하여 계속 징수하였다. 무당이 행하는 굿을 음

사라고 비난하며 금지하면서도 국가의 재정을 보충하기 위해 세금
은 계속 거두었다. 참으로 모순이 아닐 수 없었다.

태종은 조운선이 침몰하여 천여 명의 인명 피해가 나자, 신하들에게 이렇게 말했다고 한다.
"육로로 운반하는 어려움은 소와 말의 수고뿐이다. 사람이 죽는 것보다는 낫지 않겠느냐?"

30

안타까운 조선판
세월호 참사

조선 시대에는 경상도나 전라도, 충청도 지방에서 조세로 거두어들인 곡식과 베 등을 주로 바다나 강을 거쳐 한양까지 운반하였다. 이를 조운이라고 하였고, 배를 조운선이라 불렀다. 당시 곡식과 베 등을 실은 조운선이 풍랑을 만나 침몰하여 피해를 입는 사고가 매년 빈번하게 발생하였다. 조운선의 침몰은 인명은 물론 국가 재정에 막대한 손실을 초래하는 재난이었다.

태종 3년 5월 경상도의 조운선 34척이 한꺼번에 바다에서 침몰하여 천여 명의 선군이 몰사하는 사고가 일어났다. 사람을 시켜 바다를 수색하자 섬에 의지하여 살아난 선군 한 명이 그들을 보고 도망을 쳤다. 관원들이 붙잡아 도망한 이유를 물었다.

"도망하여 머리를 깎고 이 고생스러운 일에서 떠나려고 한다."

배를 타는 일은 예나 지금이나 엄청난 고역이다. 아마 노를 저어 운항하던 옛날 배의 선원이 최신식 선박에서 일하는 오늘날의 선원보다 훨씬 더 힘들었을 것이다.

임금이 보고를 듣고 탄식하였다.

"책임은 내게 있다. 만 명의 사람을 몰아서 사지에 나가게 한 것이 아닌가? 닷샛날은 음양陰陽에 수사일受死日이고, 바람 기운이 대단히 심하여 배를 띄울 날이 아니었다. 바람이 심함을 알면서 배를 출발시켰으니, 실로 백성을 몰아 사지로 나가게 한 것이다."

그런 다음 좌우의 신하들에게 물었다.

"죽은 사람은 얼마이며 잃은 쌀은 얼마인가?"

신하들이 차마 대답을 하지 못하였다.

"대개 얼마인가?"

"쌀은 만여 석이고 사람은 천여 명입니다."

"쌀은 비록 많더라도 아깝지 않지만, 죽은 사람은 대단히 불쌍하다. 부모와 처자의 마음이 어떠하겠는가? 조운하는 고통이 이와 같다. 선군이 고통을 견디지 못하여 도망해 흩어지는 것은 마땅하다."

우대언 이응이 말하였다.

"육로로 운반하면 어려움이 더욱 심합니다."

희생이 많기는 해도 곡식 등을 육지로 운반하기보다는 배로 운반하는 편이 더 낫다는 말이었다.

"육로로 운반하는 어려움은 소와 말의 수고뿐이다. 사람이 죽는 것보다는 낫지 않겠느냐?"

임금은 인명 피해를 생각하면 육상 운반이 더 낫다는 견해를 나타내었다.

천여 명의 인명 피해가 발생한 대형 해난 사고가 나자, 조운선을 제대로 감독하지 않은 죄로 삼도체찰사三道體察使 임정과 경상도 수군절제사水軍節制使 노중제盧仲濟를 처벌하라고 사헌부에서 주청하였다. 임금이 의정부에 명하여 처벌할 법적 근거를 알아보도록 하였다. 의정부가 아뢰었다.

"법령에 '바람을 만나서 실종되었거나, 혹은 불이 났거나, 도적에게 해를 당한 것은 모두 면죄된다'고 하였습니다."

이번 사고는 바람 때문에 발생하여 감독관을 처벌할 수 없다는 얘기였다. 요즈음에도 천재지변으로 인한 사고는 책임을 묻지 않고 있다. 보고를 받은 임금은 두 사람을 용서하여 주었다.

한편 임금은 경상도에서 조세로 거둔 곡식 등을 종전처럼 계속 배로 운반할지, 아니면 육로로 할지를 여러 신하들에게 물었다. 사간원에서는 관리들과 공신들에게 준 경기도의 과전科田과 공신전功臣田을 경상도의 공전公田과 바꾸어 준 다음 경기도의 토지에서 조세를 징수하자고 건의하였다. 그러면 조운선이 바다나 강을 운항하다가 사고를 당하는 일은 일어나지 않을 것이라 하였다. 좌정승 하윤은 그냥 육로로 운반하는 방법이 좋겠다고 건의하였다. 임금은 하윤의 의견을 받아들여 경상도의 조세를 앞으로는 해로로 하지 말

유숙 〈범사도(泛槎圖)〉, 1858년, 국립중앙박물관

고 육로로 운송하도록 지시하였다.

　그 후에도 배가 침몰하여 선군이 희생되는 사고가 잇따랐다. 태종 8년 10월 경기도의 수군 선박이 덕적도에 들어가서 숯을 구을 나무를 싣고 오다가 큰 바람을 만나 두 척이 난파하였다. 선군 69명이 물에 빠져 죽고 살아남은 자가 3명이었다. 임금은 익사한 선군의 집에 부의를 내려 주고 국가에서 부과하는 노역을 감면해 주었다. 경기도 수군첨절제사 김문발金文發은 사고의 책임을 물어 순금사에 하옥하였다.

2년 뒤인 태종 10년 5월 강원도의 병선 4척이 함경도에 쌀을 운반하다가 고성군 정진에서 역풍을 만나 파선하면서 미두 9백 25석을 잃었다. 운반하던 군사들은 다행히 모두 언덕으로 기어올라 살아났다. 보고받은 임금이 명하였다.

"언덕에 의지하였다 하니 바다 가운데는 아니다. 풍세風勢의 변함을 살피지 못하고 마음을 써서 구호하지 않기 때문이다. 운반하던 만호와 천호의 죄를 다스리라."

의정부에서 아뢰었다.

"강원도 수군첨절제사 김장金渟은 조운 선박을 친히 점검하지 않고 관기官妓를 실어 육로를 경유하여 갔습니다. 배 안의 물건을 도둑질하여 기생에게 주었고, 군인 7~8명을 시켜 기생을 집까지 호송하게 하였습니다. 만호 이천언李天彦과 천호 배원려裵元呂 등 네 사람은 모두 압령관押領官이 되어서도 힘을 쓰지 못하고 파선하게 하였습니다. 법령에 의하여 처벌하십시오."

"김장 같은 자는 마땅히 머리를 베어 여러 도에 전시해야겠으나, 법령 밖의 형벌을 행할 수는 없다. 이천언 등과 함께 곤장을 때리도록 하라."

태종 14년 7월 말일경에도 대형 해난 사고가 발생하였다. 밤중에 태풍이 불어 전라도 조운선 66척이 침몰하면서 익사한 자가 2백여 명이었고, 물에 잠긴 미두가 5천 8백여 석이었다. 7월에는 옛사람들이 항해를 꺼리던 바였다. 호조에서 "7월 말일에 실어 8월 초에 떠나보내라"고 한 지시를 수군도절제사 정간鄭幹이 따르다가 큰 재앙을 당한 것이다. 사고를 보고받은 임금이 노하여 다음과 같이 말하고 정간에게 사마私馬를 타고 상경하라 명하였다.

"호조에서 비록 절기의 빠르고 늦음을 살피지 않고 기간을 정하여 지시하였더라도 금년은 7월 절기가 8월 14일에 끝난다. 받들어 행하는 자가 능히 살피지 못하고 처리한 것이 미생尾生의 포주抱柱와 같다."

임금의 "미생의 포주와 같다"는 말은 《사기史記》의 〈소진열전蘇秦列傳〉에 나오는 유명한 이야기에서 따왔다. 춘추 시대 노나라에 미생이라는 사람이 있었다. 하루는 다리 아래에서 사랑하는 여인을 만나기로 약속했다. 아무리 기다려도 여인은 오지 않았는데, 갑자기 소나기가 내려 물이 밀려왔다. 미생은 끝내 자리를 떠나지 않고 기다리다가 마침내 교각을 끌어안고 죽었다. 즉, 우직하여 융통성이 없음을 비유하는 말이다. 임금은 정간이 융통성 없게 호조의 지시를 따라 사고를 냈다고 나무랐던 것이었다.

"7월 항해는 일찍이 교지로 금지하였다. 정간은 절기를 살피지 않아서 배가 뒤집혀 침몰하게 했다. 그 부모와 처자가 슬퍼하고 원망하는 정이 어찌 온화한 분위기를 손상시키지 않겠느냐? 정간을 대신할 만한 능력 있는 자를 가려서 천거하라."

이어서 사헌부에 명하였다.

"이제부터 각 도의 관기는 도의 경계를 넘지 못하게 하라. 어기는 자가 있으면 본관本官의 수령과 감사를 모두 교지를 따르지 않은 죄로 처벌하라."

배가 침몰하면서 무관 벼슬아치인 진무鎮撫가 데리고 있던 관기 두 사람도 물에 빠져 죽었기 때문이다. 아울러 판선공감사判繕工監事 이지李漬를 전라도에 보내 배가 뒤집혀 침몰하면서 유실한 군기軍器 를 검사하고, 물에 빠진 군사들을 샅샅이 조사하여 위로금을 주게 하였다.

세금으로 거둔 곡식 등을 배로 운반하다가 인명과 재산에 많은 피해가 발생하자 해로 운송을 줄이고 육로로 운반하자는 방안이 제기되기도 했다. 나중에는 국가 소유의 관선官船만이 아니라 개인 소유의 사선을 이용하여 곡식 등을 운반하게 하였다.

세쌍둥이 출산은 태평세월의 상징이나 경사스러운 일로도 간주되었지만, 농경 사회에 필요한 노동력을 중시하여 장려되었다.

31
세쌍둥이는 조선 시대에도 경사였다!

예로부터 쌍둥이는 매우 드물고 귀했다. 더구나 세 명을 한꺼번에 낳기는 더욱 어려운 일이다. 옛 시대에는 세쌍둥이 또는 그 이상을 낳으면 꼭 역사책에 기록하여 후세에 길이 전하도록 하였다. 《조선왕조실록 朝鮮王朝實錄》이나 《고려사 高麗史》 등의 역사책에 세쌍둥이 출산에 관한 기록이 많은 이유이다. 출산 기록이 영원히 남는 당사자들에게는 엄청난 영예가 아닐 수 없다.

세쌍둥이 출산을 역사 기록으로 남긴 이유는 무엇보다 인구 증가 정책과 관련이 있었다. 전통 시대는 농업 위주의 사회여서 무엇보다 노동력이 중요시되었다. 당연히 인구 증가에 신경을 쓰게 되어 쌍둥이 출산을 장려하였던 것이다.

세쌍둥이 출산은 태평세월의 상징이나 경사스러운 일로도 간주되었다. 정종 1년 7월 경상도 함양에 사는 천민인 화척禾尺 매읍금每른金의 처가 한꺼번에 세 아들을 낳았다. 소식을 들은 임금이 서운관으로 하여금 옛글을 상고하게 하였다. 서운관에서 아뢰었다.

"한꺼번에 세 아들을 낳는 것은 태평세월을 주장한다고 하였고, 어떤 글에는 3년이 지나지 않아 외국이 와서 조공을 바친다고 하였습니다."

그만큼 세쌍둥이를 상서로운 일로 여겼다.

같은 시기에 경상도 경주에 사는 이고李考의 종 만월萬月이 한 번에 아들 셋을 낳았다. 동시에 그 집의 말이 한꺼번에 망아지 두 마리를 낳았다. 그야말로 경사가 겹친 엄청난 행운이 아닐 수 없었다.

당시에는 사람만이 아니라 말이나 소가 한꺼번에 새끼 두 마리 이상을 낳아도 경사로 여겨 실록에 수록하였다. 태종 3년 6월에도 도성 안의 소가 한 번에 두 마리의 송아지를 낳았는데, 하나는 암놈이고 하나는 수놈이었다고 한다.

태종 때부터는 세쌍둥이를 낳은 집에 임금이 특별히 쌀을 하사하였다. 태종 11년 3월 울주 사람 이가이李加伊의 아내가 한 번에 세 딸을 낳자 임금이 명하여 쌀을 내려 주었다. 이듬해 1월에도 함경도 의주 사람인 안두험安豆驗의 처가 한 번에 2남 1녀를 낳자 쌀을 주라고 명하였다. 6월에는 경상도 창녕 향교鄉校의 계집종 소지장小支莊이 아들을 낳고 닷새 건너서 또 아들과 딸을 낳아 쌀을 하사받았다.

태종 13년 3월에도 충청도 부여의 사노비 계화은計火狄이 한꺼번에 세 아들을 낳아 쌀 6석을 내려 주었다. 태종 16년 3월에는 평안도 의주에 사는 김부다金夫多의 아내 옥향玉香이 한꺼번에 2남 1녀를 낳아 쌀을 하사하였다. 다음 해 윤5월에도 개성에 사는 여자 최장崔藏이 한꺼번에 세 딸을 낳자 임금이 명하여 쌀 3석을 주도록 했다.

태종 때에는 거의 1년에 한 번 꼴로 세쌍둥이가 태어났다. 세쌍둥이 중에서도 세 딸이나 2남 1녀를 한 번에 낳는 경우가 많았다. 세쌍둥이를 출산하면 임금에게 보고가 올라가고, 그 집에는 임금의 명으로 3~6석의 쌀을 하사하였다.

세쌍둥이도 드물지만, 겹쌍둥이는 더욱 희귀하고 경사스러운 일이었다. 태종 11년에 경상도 밀양 사람 최원崔元의 아내가 한꺼번에 두 아들을 낳았다. 그러다 4년 후인 태종 15년 4월에도 한꺼번에 두 아들을 낳았다. 말하자면 겹쌍둥이를 낳았던 것이다. 임금이 명하여 쌀과 장醬을 내려 주었다.

쌍둥이를 한 번 낳기도 어려운데, 두 번씩이나 연달아 쌍둥이를 낳았다. 현대적인 의학의 혜택을 받을 수 없었던 당시에 겹쌍둥이는 정말 "세상에 이런 일이"라고 할 만한 희한한 일이었다.

사형죄는 삼복법을 적용하여 최대한 신중을 기하여 판결을 내리게 함으로써 인명을 함부로 희생시키지 않도록 했다.

32

지금의 삼심제가
조선 시대 판결제도에서
유래한다?

　오늘날의 재판은 1심, 항소심, 상고심을 거치는 삼심제三審制를 원칙으로 하고 있다. 조선 시대에도 현대에 못지않은 삼심제가 행하여졌다. 당시의 삼심제는 삼복법三覆法 또는 삼복주三覆奏라 하여 사형죄를 지은 경우에만 적용되었으며, 이미 건국 직후부터 실시되었다. 태조 1년 윤12월 형조의 건의를 임금이 윤허함으로써 삼심제가 실시되는 토대가 마련되었다.

　"형벌을 쓸 때는 신중히 하지 않을 수 없습니다. 옛날에는 사형죄는 반드시 세 번 다시 아뢰게 하거나, 다섯 번 다시 아뢰게 한 후에야 결정하였습니다. 요사이는 옛날의 법이 시행되지 않아 형벌을

219

잘못 결정하게 됩니다. 지금부터 사형은 반드시 세 번 다시 아뢰게 하십시오. 지방의 사형죄는 수령이 정상을 살펴서 관찰사에게 보고하고, 관찰사는 친히 스스로 다시 조사하여 도평의사사에 전하여 보고하고, 도평의사사에서 다시 세 번 아뢰게 한 후에 처결하게 하십시오."

도평의사사의 1차 심리를 초복初覆, 2차 심리를 재복再覆, 3차 심리를 삼복三覆이라고 하였다. 삼복법은 태조 6년에 편찬된 조선 최초의 법전인 《경제육전》에도 그대로 수록되었다. 사형죄는 삼복법을 적용하여 최대한 신중을 기하여 판결을 내리게 함으로써 인명을 함부로 희생시키지 않도록 최선을 다하고자 했다. 이처럼 조선 왕조는 현대의 인권 중시 법체계에 비하여 조금도 뒤지지 않는 제도를 갖추고 있었다.

삼복법이 잘 갖추어져 있었지만, 시행이 원만히 이루어지지는 못했다. 태종 13년 8월에는 순금사 겸 판사 박은의 건의로 삼복법을 더욱 엄격하게 시행하게 하였다.

"신이 《경제육전》을 상고하니 사형죄에는 삼복한다고 하였으나, 형조와 순금사에서 일찍이 시행하지 않았습니다. 《경제육전》에 의하여 행하도록 하십시오."

임금은 형관刑官이 삼복법을 마땅히 거행토록 하라는 명을 내렸다.

삼복법에 의하여 실제로 사형을 면한 죄인이 나오기도 하였다. 태종 15년 8월 한양 동부의 아전인 장덕생張德生이 관인을 훔쳐서

김윤보 〈사약어양반〉,《형정도첩刑政圖帖》, 한국학중앙연구원

사용했다가 능지처참의 위기에 처했지만, 삼복법 덕분에 목숨을 건졌다.

반대로 삼복법의 혜택을 보지 못한 사람도 있었다. 태종 16년 9월 선공감繕工監 부정 구종수具宗秀란 자가 세자 양녕대군을 만나기 위해 궁을 넘었다가 교수형을 당하게 되었다. 임금이 의정부, 육조, 대간에 물었다.

"이 사람에게 삼복을 기다렸다가 형을 집행할 것인가?"

형조 판서 안등이 아뢰었다.

"혐의가 의심스러우면 삼복을 기다려야 하지만, 궁성을 넘어 들어간 죄는 이보다 더 큰 것이 없습니다. 무엇을 기다릴 필요가 있겠습니까?"

여러 신하들이 모두 옳다고 여기었고 임금도 수긍하였다. 구종수는 삼복도 거치지 못하고 죽을 처지에 빠지게 되었다. 다행히 임금이 용서하여 곤장 100대를 맞고 귀양을 떠나는 처벌로 마무리되었다.

세종 때는 삼복법이 잘 시행되었던 것 같다. 세종 25년1443 5월 사헌부의 상소를 보자.

"전하께서 매번 당연히 죽여야 할 죄수도 반드시 삼복을 기다리도록 하는 것은 진실로 인명이 지중하여 한번 죽고 나면 다시 살릴 수가 없기 때문입니다."

삼복법의 부작용도 나타났다. 교수형에 해당하는 강도범과 절도범도 반드시 삼복을 하게 하여 세월만 연장하거나 요행히 사형을 모면하는 자들이 많이 나왔다. 마침내 세조 2년1456 3월에 의정부 사인 이극감李克堪이 사형죄에 해당하는 강도범과 절도범은 삼복하지 말고 잡는 대로 즉시 능지처참해야 한다는 건의를 하기에 이르렀다. 임금은 윤허하지 않았다.

"삼복의 법은 죽을 사람에게 삶을 구하게 하는 길로, 선왕先王이 법을 만든 아름다운 뜻이다. 당나라 때에는 오복까지 이르게 하였는데, 우리 조정에서는 줄여서 삼복으로 하였다. 또 초복은 반드시 조심스럽게 하다가 재복, 삼복에 이르면 점점 소홀해진다. 경솔하게 이를 폐할 수 없는 것은 내가 예禮를 사랑하기 때문이다."

김윤보 〈참수형〉, 《형정도첩刑政圖帖》, 한국학중앙연구원

　삼복제야말로 조선 왕조가 인명을 중시한 법치 국가라고 볼 수
있는 하나의 단서라고 하겠다.

곤장 100대는 곧 치사율이 거의 100%로 사람이 죽을 것을 알면서도 이런 무서운 형벌을 내렸다.

33

곤장 100대 = 치사율 100%

조선 시대의 형벌에는 태형, 장형, 도형, 유형, 사형 등이 있었다. 장형은 곤장으로 죄인을 때리는 형벌이었다. 곤장은 죄인의 볼기짝을 치던 형구로, 가시나무나 버드나무로 넓고 길게 만들었다. 장형은 죄의 경중에 따라 최하 60대에서 최고 100대까지 치도록 했다.

가벼운 죄를 범한 죄인에게 작고 가는 가시나무 회초리로 볼기를 치는 태형에 비하여 장형은 죽음에 이르기도 하는 무거운 형벌이었다. 죄인들은 곤장을 맞은 뒤 대개 감옥에서 노동을 하는 도형을 받거나, 변경에 가두어지는 유형을 받았다. 곤장을 맞고 도형 또는 유형을 받기 전에 뼈가 으스러지거나 장독杖毒이 올라 후유증으

김윤보 〈태형〉, 《형정도첩刑政圖帖》, 한국학중앙연구원

로 죽어 버리는 죄인도 많았다.

때로는 곤장을 60~70대 맞고도 죽는 사람이 있었으며, 100대를 맞으면 보통 사망에 이르렀다. 곤장 100대는 곧 치사율이 거의 100%였던 것이다. 조선 초기만 해도 실제로 곤장을 맞고 죽은 사람들이 많았다.

태조 1년 8월 조선 건국에 반대하다 역적으로 몰려 귀양 간 우홍수禹洪壽, 우홍명禹洪命, 우홍득禹洪得 형제와 이숭인李崇仁 등 8명이 모두 곤장 100대를 맞고 죽은 적이 있었다. 우홍수 등이 죽음을 당하기 직전에 정도전이 태조의 즉위 교서를 지으면서 처음에는 우홍수 3형제의 아버지 우현보禹玄寶와 이색李穡 등 10여 명을 극형에 처하도록 명시하였다. 태조가 도승지에게 즉위 교서를 읽게 하고는 매우 놀랐다.

"이미 관대한 은혜를 베푼다고 했는데, 어찌 감히 이와 같이 하겠는가. 마땅히 모두 처벌하지 말라."

그러자 정도전 등이 감형하기를 청하였다.

"우현보와 이색 등은 비록 감형하더라도 역시 옳지 못하다."

정도전이 우현보, 이색 이외의 사람들에게 장형을 집행하되 차등 있게 하기를 청하였다. 태조의 윤허를 얻은 정도전이 몰래 측근 황거정에게 곤장 100대씩을 치도록 은밀히 지시하였다.

"곤장 100대를 맞은 사람은 마땅히 살지 못할 것이다."

지시를 받은 황거정이 우홍수 형제 3명과 이숭인 등 5명을 곤장으로 때려서 모두 죽음에 이르게 하였다. 정도전은 이미 곤장 100대를 때리면 사람이 죽을 것을 알고 있었다. 결과적으로 정도전은 우현보 집안사람들에게 품고 있었던 사사로운 감정을 갚았다. 당시 정도전은 우현보의 자제들이 자신을 노비의 자손이라 경멸하고, 관직을 옮길 때마다 서경을 하지 못하도록 했다며 원망하고 있었다.

태종 14년 5월에도 곤장 100대를 때려 부녀자를 죽게 한 사건이 일어났다. 노비변정도감奴婢辨正都監에서 어떤 할머니가 노비와 관련하여 망령되게 신고하였다고 하여 곤장을 때리려고 하였다. 할머니의 아들 두 사람이 슬피 울부짖으면서 자기들이 대신 곤장을

김윤보 〈곤장형〉, 《형정도첩刑政圖帖》, 한국학중앙연구원

맞겠다고 호소하였다. 변정도감에서는 그러한 예가 없다면서 할머니에게 곤장 100대를 때렸는데, 할머니는 며칠 못 가서 그만 죽고 말았다. 이전에 내린 교지에서 "망령되게 오결이라고 신고한 자는 곤장 80대를 때리고 몸을 수군에 충당한다"고 하였다. 변정도감에서 잘 살피지 않고 부녀자에게 곤장 100대를 때려서 죽게 만들었던 것이다.

사헌부에서 변정도감의 관원을 탄핵하였다. 사건을 보고받은 임금은 변정도감에서는 앞으로 형벌을 가하지 말고, 망령되게 신고한 자나 원통하고 억울함이 있는 자는 사헌부에 이첩하며, 사헌부에서 다시 상세히 조사하여 처리하라고 명하였다. 사헌부에서는 처리 결과를 형조에 보내어 그곳에서 곤장을 치도록 하였다.

다음 해 5월에는 수령이 곤장을 쳐서 아전들을 사망에 이르게 한 사건이 발생하였다. 충청도 금산 군수 송희경宋希璟이 진상할 짐승을 잡기 위하여 아전으로 하여금 사냥꾼을 데리고 가서 사냥하게 하였다. 아전 두 사람이 잡은 짐승을 사사로이 차지하고 바치지 않았다. 송희경이 노하여 곤장을 때려 두 사람이 모두 죽었다. 아전들의 집에서 원통함을 호소하였는데, 조정에서는 송희경에게 곤장 100대를 속받도록 하였다.

태종 18년 3월에 한양에 사는 박거朴居 등이 "무악의 깊은 골짜기에 개들이 무리를 지어 장작 진 노인을 물어서 죽였다"는 말을 퍼뜨렸다. 조정 신하들이 심각하게 받아들여 "말을 만들어 여러 사람들을 현혹시킨 죄"로 박거 등을 참형에 처해야 한다고 주장하고 나섰다. 임금이 감형하여 곤장 100대를 때리라고 명하였다.

며칠 후 임금이 승지 원숙元肅에게 물었다.

"박거 등이 장형을 받았는가, 받지 않았는가?"

"이미 장형에 처하였습니다."

"장형으로 인하여 죽지나 않을까."

임금은 곤장의 숫자를 감하지 못해 후회하였다고 한다. 임금도 곤장 100대는 치사율 100%라는 사실을 알고 있었던 것 같다.

한편 현대에는 아무리 독재 국가라 하더라도 일반적으로 고문은 은밀하게 행한다. 왕조 시대에는 곤장을 치는 등의 고문이 법제

화되고 일상화되어 있었다. 조선 왕조도 예외가 아니어서 초기부터 고문이 광범위하게 행하여졌다.

태조 7월 윤5월 26일 형조 전서 유관이 건의하였다.

"사람이 타고난 기질은 강하고 사납기도 하며 유순하고 나약하기도 하여 똑같지 않습니다. 그런 까닭에 어떤 사람은 진짜로 도둑질을 하고도 매질을 견디어 끝까지 범죄 사실을 자백하지 않고, 어떤 사람은 무고를 당하고도 매질의 고통을 참지 못하여 스스로 자백하기도 합니다. 사건의 참과 거짓은 지극히 분별하기가 어렵습니다. 형벌을 맡은 관리는 다만 사람을 자백시키는 것에만 힘쓰고 생명의 중함을 돌보지 않습니다. 그리하여 법에 없는 형벌을 동원하고 온갖 방법으로 심문하여 죄가 문서 위에 나타나기 전에 이미 몸은 막대기 아래에서 죽게 됩니다. 비록 진짜 도적이라도 범죄를 시인하지 않고 죽었다면 오히려 죄를 판결하는 데 어려움이 있습니다. 하물며 죄도 없이 생명을 잃으면 원통하고 억울함이 어찌 적겠습니까? 원컨대 중앙과 지방의 형벌 담당 관리들이 형법 조문에만 의거하여 고문을 행하게 하고, 법 이외의 고문은 일체 금지시키십시오. 형법에 의거하여 고문하더라도 하루에 서너 번 이상은 고문하지 못하게 하시고, 항상 죄인의 말과 얼굴빛을 분별하고 죄의 증거를 잘 헤아려 참과 거짓만 밝히게 할 것이며, 함부로 매질을 가하지 말게 하십시오."

임금이 옳게 여기고 유관의 건의를 도평의사사에 내리어 중앙과 지방에서 시행하게 하였다.

조선 시대에는 형법상 아예 고문을 할 수 있도록 허용되어 있었다. 수사를 맡은 관리는 죄인의 자백을 받기 위한 심문 이전에 우선 형법을 넘어서는 곤장이나 압슬壓膝 등의 온갖 가혹한 고문을 가하였다. 압슬은 죄인을 꿇어앉히고 널빤지나 돌로 무릎 위를 누르는 고문이었다. 고문이 얼마나 혹독했는지, 죄를 짓지 않은 무고한 사람들마저 허위 자백을 하고, 때에 따라 죽음에까지 이르는 경우가 비일비재하였다.

내수사의 종 산동은 대궐 안의 물건을 도둑질한 것으로 도박을 일삼다가 곤장 100대를 맞았다.

34
임금의 사당에서
도박을 한
간 큰 노비들

예전에도 도박을 하는 자들이 많았다. 도박은 고려 말기에 특히
성행하여 하루아침에 벼락부자가 된 자들도 있었다. 덩달아 경박한
무리들이 요행히 돈을 따기 위해 도박을 하다가 처자를 빼앗기고
재산을 탕진하는 자들이 많았다.

조선이 건국된 후 태조가 먼저 도박을 금지하였고, 태종 14년 5월
에도 도박한 자들을 체포하고 도박을 엄중히 금지하도록 명하였다.
조치에도 불구하고 도박 풍조가 없어지지 않아 태종 때 도박을 하
다가 잡힌 도대평都大平 등 16명에게 각각 곤장 80대를 때렸고, 장
용봉張龍鳳에게는 곤장 100대를 때리고 도박으로 얻은 물건을 몰수

하였다.

세종 7년1425 5월에는 2년 전에 처음 발행한 조선통보朝鮮通寶란 엽전으로 무식한 무리들이 투전投錢 도박을 할까 염려하여 한성부 등이 엄중히 금지시키고 위반하는 자는 법률에 의거하여 처벌하도록 하였다.

조정에서는 도박을 막으려고 노력했지만, 쉽사리 사라지지 않고 계속 행해졌다. 성종 때 부평 부사를 지낸 김칭金碪이란 사람은 시정 무뢰배들과 함께 장기와 바둑으로 도박하기를 즐겼다고 한다.

성종 13년1482 3월 한존의韓存義라는 자는 아침에 옷을 입고 나갔다가 저녁에는 벗고 돌아왔다. 날마다 그러하기에 부모가 어느 날 뒤를 따라가 보았다. 그는 투전의 일종인 쌍불雙不 도박을 하고 있었다. 사헌부에서 무리들을 잡아다가 심문을 하였는데, 같이 도박한 자들이 거의 40여 명이나 되었다. 사헌부 집의 강귀손姜龜孫이 아뢰었다.

"법령에는 '다만 장물이 드러난 것만 거론한다'고 하였습니다. 신들이 듣건대 세종조에 이와 같은 사람은 모두 귀양을 보내어 엄하게 금지하였다 합니다. 조종조祖宗朝에 의거하여 엄히 징계하게 하십시오."

임금은 죄를 자백한 14명만을 처벌하도록 하였다.

성종 20년1489 12월 문소전文昭殿에서 일하는 종 석시石屎 등이 문소전의 어실御室에 들어가 주사위를 던져서 하는 쌍륙雙六 도박으로 술 내기를 하는 황당한 일이 벌어졌다. 문소전은 태조와 그 부

김득신 〈밀희투전(密戱鬪牋)〉, 18세기말, 간송미술관

인인 신의왕후(神懿王后) 한씨의 위패를 모신 사당이었다. 임금을 모신 지엄한 사당에서 감히 도박하며 술 내기를 했다니, 참으로 겁 없는 종들이었다. 그들은 도박도 모자라 술을 마시며 서로 싸우다가 급기야 화로를 넘어뜨려 제사에 쓰는 돗자리를 태우기까지 하였다. 의금부에서는 사형시켜야 한다고 건의하였으나 임금이 감형하도록 해주었다.

연산군 3년(1497) 1월에도 종친 이귀정(李貴丁)과 이총(李摠)이 도박을 했다가 곤장 100대에 도형 3년에 처해질 처지에 놓였다. 종친을 대우해야 한다는 승정원의 건의에 따라 곤장 90대를 속바치고 직첩을 빼앗도록 하였다. 연산군 8년1502 5월에는 왕실 재정의 관리를 맡아보던 내수사內需司의 종 산동山同이 대궐 안의 물건을 도둑질하고 종친들과 결탁하여 도박하였다가 곤장 100대를 맞고 온 가족이 변방으로 쫓겨나는 벌을 받기도 하였다.

조정에서 도박을 강력하게 금지하려고 해도 제대로 효과를 거두지 못하였다. 위로는 종친부터 아래로는 노비에 이르기까지 도박에 빠져 헤어나지 못하였다. 도박에 한번 빠지면 쉽사리 벗어나지 못하여 종국에는 재산과 가정을 잃어버리고야 마는 것은 예나 지금이나 마찬가지인가 보다.

김윤보 〈포교포잡기인捕校捕雜技人〉(도박꾼 잡기), 한국역사연구회
도박 현장을 포교들이 목격하고 도박꾼을 잡기 위해 급습하는 장면으로, 도박꾼들의 다양한 머리 모양새를 보아 당시에도 도박은 신분을 초월하여 행해졌음을 알 수 있다.

사신 정총은 명나라 태조가 하사한 옷을 입지 않은 죄로 죽임을 당했다.

35
조선의 사신을 구타하고 죽인 명나라 황제

조선은 건국 후 명나라와 사대 관계를 맺고 수시로 사신을 파견하였다. 명나라에 보낸 사신들 가운데는 황제의 노여움을 사서 매질을 당하거나 죽음에까지 이르는 고초를 당한 사람들도 있었다. 병이 들어 타국에서 목숨을 거둔 사신도 있었고, 도중에 도둑을 만나는 등의 온갖 수난을 겪은 이들도 많았다.

조선의 사신이 중국 황제에게 매질을 당하여 초죽음이 되어 돌아온 사건은 조선이 건국을 한 직후에 일어났다. 태조 2년 3월에 사은사로 파견된 이염이 명나라 서울 남경에 가서 황제를 알현하였다. 꿇어앉은 자세가 바르지 못하다고 황제가 책망하고서 이염의

명나라 태조 주원장 초상화

머리를 숙이게 하고 몽둥이로 쳐서 거의 죽음에 이르게 하였다. 다행히도 약을 먹고 겨우 목숨을 부지하였다. 이염이 남경을 떠나 요동에 이르렀으나, 명나라에서 역마를 주지 않아 의주까지 걸어서 와야만 했다.

분이 풀리지 않은 황제는 조선 사신의 입국을 금지하도록 요동도사에게 명령하기까지 하였다. 태조 2년 9월에 진표사進表使 이지李至가 요동에 이르렀으나 중국 본토에 들어가지 못하고 돌아왔다.

몇 달 뒤인 12월에도 하정사_{賀正使} 경의_{慶儀} 등이 요동에 이르렀으나 역시 중국에 들어가지 못하고 돌아왔다. 황제의 노여움 때문에 벌어진 사신의 입국 금지 조치는 한동안 지속되었다

이염이 돌아오자 태조는 벼슬을 올려 정2품인 문하부 정당문학에 임명하였다. 대간에서 그의 승진이 부당하다며 다음과 같이 탄핵하였다.

"우리 전하께서 즉위하신 이래로 황제의 조정에 사신으로 간 사람들은 모두 지극한 은혜를 입었습니다. 지금 이염은 명령을 받들고 입조_{入朝}하여 황제를 알현하고 응대하다 어긋나고 실수한 일이 있어서 구타와 매질을 당하여 중국의 웃음거리가 되었습니다. 이로부터 중국에서는 조빙_{朝聘}을 허가하지 않았습니다. 반드시 그 까닭이 있으므로 죄는 마땅히 중하게 처벌해야 될 것입니다. 도리어 특별히 사랑하여 높은 관직을 주니, 온 나라 백성들이 매우 상심하지 않는 사람이 없습니다. 그의 직첩을 회수하고 까닭을 국문하십시오."

입조는 사신이 조정 회의에 참여하는 것을, 조빙은 조정에 불러들이는 것을 이른다. 태조는 이염을 파직만 시키도록 명하였다.

황제의 미움을 사서 죽임을 당한 사신도 있었다. 정총은 태조 4년에 국왕의 즉위를 승인하는 문서를 청하는 일로 명나라의 서울 남경에 갔다. 명나라 태조가 조선에서 보낸 외교 문서인 표문_{表文}의 내용이 불손하다고 하여 노하였다. 정총이 표문을 지었다고 하여 억류하고, 사람을 보내어 그의 가족들을 데려갔다. 황제가 진짜 가

족이 아니라고 더욱 노하여 그들을 모두 돌려보내 버렸다.

황제가 표문 내용이 불손하다는 트집을 잡았지만, 사실 문제의 표문은 정총의 동생인 정탁이 지어 정총과 권근이 윤색한 것이었다. 황제는 사신을 보내어 표문 작성에 관여한 사람으로 의심한 정도전을 잡아가려 하였다. 정도전이 병이 들어 갈 수가 없자 예문춘추관 학사學士 권근이 청하였다.

"표문을 지은 일에는 신도 참여하였습니다. 신은 잡혀가는 것이 아니어서 용서받을 수 있고, 잡혀가지 않는 자들도 의심을 면할 수 있습니다. 신이 만일 후일에 잡혀가면 신의 죄는 도리어 중하여질 것입니다."

임금이 정도전 대신 권근을 명나라에 보냈다. 황제가 권근을 보고 노여움이 약간 풀려서 권근과 정총을 용서하고 날마다 문연각文淵閣에 나가 여러 선비의 강론을 듣게 하였다. 그들을 장차 돌려보내려 하여 함께 옷을 주고 사흘 동안 돌아다니며 구경하게 하였으며, 제목을 주고 시를 짓게 하였다. 돌아올 때가 되어 궁궐의 뜰아래에서 하직하는데, 권근은 황제가 내려 준 옷을 입고 있었고 정총은 흰옷을 입고 있었다. 정총은 현비顯妃, 즉 태조의 계비인 신덕왕후 강씨의 상사로 인하여 흰옷을 입었던 것이다. 황제가 노하여 정총에게 말했다.

"너는 무슨 마음으로 짐이 내려 준 옷을 입지 않고 흰옷을 입었는가?"

황제는 권근만 돌려보내고 금의위錦衣衛에 명하여 정총 등을 국문하게 하였다. 정총이 두려워하여 도망하다가 잡혀 처형을 당했다. 그와 함께 사신으로 갔던 중추원 학사 김약항金若恒과 경흥부敬興府 사인 노인도盧仁度도 이때 죽임을 당하였다. 임금이 소식을 듣고 심히 슬퍼하여 정총에게 문민文愍이라는 시호를 내려 주었다.

정총은 태조가 임금에 오르기 전부터 가까웠는데, 조선이 건국되자 개국 공신 1등에 오르고 서원군西原君에 봉하여졌다. 태조 3년 정당문학에 이어 예문춘추관 태학사가 되면서 정도전과 더불어 《고려국사高麗國史》를 편수하기도 하였다. 한때 표문 등 많은 외교 문서가 그의 손에서 나왔다. 동생 정탁도 개국 공신이다. 개국 공신이면서 외교 문서에 탁월한 재능과 업적을 보인 인재가 안타깝게도 이역만리에서 비참하게 죽고 말았다.

황제의 노여움을 사서 유배를 간 사신도 있었다. 태조 4년 11월 명 태조 주원장朱元璋의 넷째 아들인 연왕燕王 주체朱棣와 사사로이 교제했다는 이유로 통역관인 통사通事 송희정宋希靖과 사신을 수행하며 말을 관리하던 압마押馬 권을송權乙松이 유배형을 당했다. 그전에 사신으로 갔던 김을상金乙祥이 연왕의 저택 앞을 지나갔는데, 연왕이 그에게 질책하였다.

"너희 나라 임금은 어째서 나에게 말을 보내지 않느냐?"

김을상이 돌아와서 연왕의 말을 아뢰었다. 태조가 나중에 절일사節日使 김입견金立堅이 명나라에 가는 편에 안장 없은 말을 보내 주었다. 말을 받은 연왕이 황제에게 아뢰자 황제가 노하였다.

"조선 왕이 어찌 사사로이 연왕과 교제할 수 있느냐?"

황제는 엉뚱하게도 김입견 대신 아무 잘못이 없는 송희정과 권을송을 먼 곳으로 유배시켰다.

중국에 가는 사신들 중에는 가는 도중이나 수도에 도착하여 병등으로 사망하는 사람들도 많았다. 태조 2년 6월 하성절사賀聖節使인 윤호尹虎가 황해도 평산에서 사망한 일이 있다. 그는 이미 병이 있었지만 임금의 명령을 받자 사양하지 않고 남경으로 가다가 길에서 죽음을 맞이했다.

김적선金積善은 태조 4년 12월에 회례사回禮使로 일본에 다녀오는 등 탁월한 외교 업적을 쌓은 외교관이었다. 그런 그가 중국에 사신으로 가다가 배가 난파되는 변을 당하여 불귀의 객이 되고 말았다. 일본에서 돌아온 이듬해인 태조 5년 8월에 중국 황태자나 황후의 생일을 기념하는 천추절千秋節을 축하하기 위하여 명나라의 수도 남경에 파견되었다. 그해 11월경 그의 일행이 탄 배가 중국 산동성 등주 앞바다를 지나다가 풍랑을 만났다. 배가 부서져 일행이 모두 물에 빠져 익사하고 말았다. 다음 해에 그의 아들 김자구金自龜가 등주에 가서 아버지의 시신을 찾아 장사 지내기를 요청하였다. 조정에서는 통역관을 딸려서 보내 주었다.

태종 16년 7월에는 하천추사賀千秋使 공부가 남경에서 병이 들어 사망하였다. 그가 죽자 황태자가 "조회를 받는 날에 예의가 엄숙하고 공손하였다. 여행 중에 머무는 곳에서 죽었으니 불쌍하도다"라고 애도를 표하였다. 서장관書狀官 박조朴藻 등이 그의 뼈를 화장해서 가지고 돌아왔다. 부음을 들은 임금이 크게 상심하며 미두 50석과 종이 1백 권을 부의하고, 내시를 보내어 제사를 지내 주었다. 임금은 앞으로 명나라의 수도에 가서 죽으면 정2품 사신은 미두 60석을 부의하고, 종2품 사신은 50석을 부의하도록 명하였다.

왕명을 받들고 머나먼 타국에 사신으로 간다는 것은 죽음을 각오해야만 하는 위험한 일이었다. 그러다 보니 관리들 중에는 온갖 핑계를 대면서 사신으로 파견되지 않으려는 자들도 많았다.

금강산이 부처님을 닮았다는 소문으로 조선에 온 명나라 사신들마다 금강산을 유람하려고 안달했다.

36

명나라가 사랑한
조선 관광지, 금강산

예전부터 금강산은 중국에까지 명산으로 알려졌다. 조선에 오는 명나라 사신들마다 모두 금강산을 유람하려고 안달을 하였다.

태종 3년 4월에 들어온 명나라 사신 황엄, 조천보曹天寶, 고득高得 등이 금강산을 구경하려고 하였다. 같은 사신인 조거임趙居任이 황엄 등에게 물었다.

"그대들은 어째서 금강산을 보려고 하는가?"

"금강산은 모양이 불상佛像과 같아서 보려고 하오."

"산은 천지가 개벽할 당시에 이루어졌고, 부처는 산이 생긴 지 훨씬 뒤에 태어났다."

조거임은 먼저 생겨난 금강산이 나중에 태어난 부처를 닮았다는 주장은 말이 안 된다고 하면서 은근히 비꼬았던 것이다. 비난에도 불구하고 황엄 등은 4월 17일에 출발하여 금강산을 유람하고 약 1주일 뒤인 25일에 돌아왔다. 조정에서는 군사를 보내 사신 일행을 호위하도록 하고 음식을 내려 주었다.

우리나라에 오는 명나라 사신들마다 금강산을 유람하고자 하니까 임금도 매우 궁금했나 보다. 태종 4년 9월 하윤, 조준 등의 대신들과 함께 정사를 논의하다가 임금이 물었다.

"중국 사신이 오면 꼭 금강산을 보고 싶어 한다. 그것은 무슨 까닭인가? 속언俗言에 이르기를 중국인에게는 "고려에 태어나 친히 금강산을 보는 것이 소원이다" 하는 말이 있다고 하는데, 그러한가?"

하윤이 답변하였다.

"금강산이 동국東國에 있다는 말이 《대장경大藏經》에 실려 있어 그렇게 말합니다."

중국인들 사이에는 금강산이 부처를 닮았다는 소문과 함께 기기묘묘한 경관이 널리 퍼져 있었다. 이것이 불교 신앙과 결부되어 금강산에 대한 호기심을 더욱 자극하였던 것 같다. 요즈음 우리나라에 오는 관광객들이 유명 드라마 촬영지를 선망하여 꼭 보려는 심리와 같다고나 할까. 어쩌면 당시에도 관광 한류 풍조가 유행한 것은 아닌지 모르겠다. 물론 여러 제약으로 인해 사신들 외에 일반 중국인들은 마음대로 관광할 수는 없었지만 말이다.

황엄은 아주 금강산 관광 마니아였던 모양이다. 너무 좋으면 자

정선 〈금강전도金剛全圖〉, 1734년, 삼성리움미술관

꾸 보고 싶은 것은 인지상정이다. 태종 3년에 와서 금강산을 유람
한 그는 감동을 잊지 못하였다. 5년 뒤에 우리나라에 돌아온 그는
다시 금강산 관광에 나섰다. 태종 8년 4월 25일부터 5월 19일까지
거의 보름 동안 금강산을 유람하여 예전보다 두 배나 오래 금강산
에 머물렀다. 그는 표훈사表訓寺에 비단 30필을 공양하기도 했다.

　세종 9년1427 4월 초에 들어온 사신 창성昌盛과 백언白彦 등이 금
강산을 구경하려고 하였다. 당시 그들을 맞이하기 위해 의주에 파

견되었던 원접사遠接使 이맹균李孟畇이 다음과 같은 보고를 올렸다. 창성이 평안도 경력經歷 최치운崔致雲에게 "금강산을 가 보려고 하는데 경기도에서 며칠 노정인가"하고 물어 최치운이 "대엿새 노정이다"고 대답하였다. 이맹균이 최치운에게 이르기를 "사신이 만일 다시 묻거든 길이 험난하여 여름철에는 유람이 불가하다고 답하라"고 하였다. 아마도 이맹균은 사신들이 금강산에 가지 못하게 하려고 그렇게 지시한 것 같다.

우리 측의 만류에도 창성과 백언은 5월 17일 금강산 유람을 위하여 강원도로 향하였다. 조정에서는 한성부 윤 노한盧閈을 접반사接伴使로 삼아 수행하게 하고 좌의정 황희, 호조 판서 안순安純, 좌대언左代言 김맹성金孟誠 등으로 하여금 전송하게 하였다. 사신들이 금강산으로 출발하면 대신들이 환송을 하고, 접반사를 딸려 보내어 여행 내내 수행과 접대를 하도록 하였다. 사신들에게는 여행 중에 마시라고 임금이 특별히 술을 내려 주기도 하였다. 세종은 총제 이징석을 보내어 임금이 신하에게 내리는 술인 선온宣醞을 가지고 가서 위로하게 하였다.

사신들은 나흘 뒤인 5월 21일에 금강산에 도착하여 표훈사에서 유숙하였다. 산에 올라 바다를 바라보고 여러 절들을 유람하면서 사흘 동안 머물렀다. 부처에게 공양도 하고 승려들에게 식사를 대접하기도 한 그들은 열흘 만인 5월 27일에 돌아왔다. 임금은 찬성 권진, 병조 판서 황상黃象, 좌대언 김맹성 등을 보내어 잔치를 베풀고 위로하였다.

금강산을 구경한 사람들은 절경을 잊지 못하여 반드시 다시 가 보려고 하였다. 창성도 마찬가지여서 세종 14년 1432 7월에 다시 들어오자 금강산을 열흘가량 유람하고 돌아왔다. 이때에는 부인들의 금강산 출입을 금하기도 하였다. 임금이 강원도 관찰사에게 내린 명령을 보자.

"부인들이 절에 올라가지 말도록 하는 금령이 이미 있다. 그런데도 금강산의 절에 왕래하는 사람이 상당히 많다. 더군다나 지금 사신이 내왕하므로 빨리 엄금시키라."

명나라 사신들이 조선에 오면 접대에 엄청난 비용과 신경이 쓰였다. 명나라에 사대를 표방하여서 사신 접대에 한 치의 소홀함이 있어서는 안 되었다. 하물며 매번 금강산을 구경하려는 사신들에게 드는 비용을 합하면 엄청난 부담이었다. 금강산을 유람하는 사신 접대에 들어가는 경비가 부족해져서 강원도 관찰사가 추가 경비를 요청한 적이 있을 정도였다. 사신들의 금강산 관광은 조정은 물론 민간에게도 많은 폐해를 끼치는 두통거리였다.

18세 나이로 명나라에 끌려간 권집중의 딸 권씨는 훗날 명나라 3대 황제 영락제의 후궁 현비가 되었다.

37

명나라로 끌려간
조선의 처녀들

고려와 조선에서는 중국에 막대한 공물을 보내야 했는데, 물품 외에도 처녀와 환관 등의 사람들도 보내야 했다. 조선 초기에 명나라에서는 환관으로 쓰기 위해 화자火者, 즉 고자를 보내라고 요구하였다. 태조 때부터 성종 때까지 15회에 걸쳐 모두 200여 명의 화자를 바쳤다. 태종 3년 11월에는 젊은 화자 60명을 뽑아 보내라고 하여 35명의 화자를 보낸 적이 있다.

화자 외에 처녀도 보냈는데, 중국에 보낸 처녀를 이른바 공녀貢女라 하였다. 고려 시대에는 충렬왕 때부터 공민왕 때까지 80년간 모두 50차례에 걸쳐 수천 명 이상의 처녀들이 공녀로 원나라에 끌려갔다. 조선 시대에는 태종 때부터 세종 때까지 20여 년간 7회에 걸쳐 100여 명의 처녀들이 명나라에 바쳐졌다. 후기에는 인조와 효종 때에 20여 명의 처녀들이 청나라에 끌려가야 했다.

중국에 끌려간 처녀들은 대부분 황실의 궁녀가 되어 일생 동안 고역을 감수해야 했다. 그중에는 황제의 후궁이 되는 이들도 있었다. 특히 고려 후기에 끌려간 기씨 처녀는 나중에 원나라의 황후가 되기도 했다. 대개는 황족과 고관들의 처나 첩이 되었고, 인신매매되어 술집의 기녀로 팔려 간 처녀들도 있었다.

조선 초기에는 모두 7차례에 걸쳐 명나라에 공녀를 보냈다. 먼저 태종 8년에 있었던 제1차 진헌進獻 사례를 구체적으로 살펴보자. 태종 8년 7월에 명나라 사신 황엄 등이 의정부의 정승들과 함께 경복궁에서 처녀를 선발하였다. 황엄이 처녀들에게 미색美色이 없다고 노하여 경상도 경차내관敬差內官 박유朴�를 잡아 결박하고 말하였다.

"경상도의 크기가 나라의 반이나 된다는 사실을 이미 알고 있는데, 어째서 예쁜 여자가 없느냐? 네가 감히 사심을 가지고 이런 여자들을 뽑아 올린 것인가?"

황엄은 곤장을 치려다 그만두고는 의자에 걸터앉아 정승을 앞에 세우고 욕을 보이고 나서 태평관으로 돌아갔다. 소식을 들은 임금이 지신사 황희를 보내어 황엄에게 말하였다.

"계집아이들이 멀리 부모 곁을 떠날 것을 근심하여 먹어도 음식 맛을 알지 못해 날로 수척해진 때문이라 괴이할 것이 없소. 다시 중국의 화장을 시켜 놓고 보시오."

황엄이 좋다고 말하고 다시 처녀를 선발하였다. 이날 평성군平城君 조견趙狷의 딸은 중풍이 든 듯 입이 반듯하지 못하고, 이조 참의 김천석金天錫의 딸은 중풍이 든 듯 머리를 흔들었으며, 전 군자감軍資監 이운로李云老의 딸은 다리가 병든 듯 절룩거려 황엄이 매우 노하였다. 사헌부에서 딸을 잘못 가르친 죄를 탄핵하여 조견은 경상도 개령에, 이운로는 경기도 음죽에 귀양을 보내고, 김천석은 정직시켰다.

다음 날 조정에서는 각 도에 순찰사巡察使를 보내어 다시 처녀를 선발하게 하고, 경차내관 한 사람씩을 따라가게 하였다. 의정부에서는 각 도에 명령을 내렸다.

"대소 수령과 품계를 지닌 양반, 향리, 일수양반日守兩班, 향교 생도 및 백성들의 집에 자색姿色을 지닌 처녀가 있으면 모두 뽑아서 정결하게 빗질하고 단장시켜 명나라 사신의 선택을 기다려라. 만일 여자를 숨기고 내놓으려고 하지 않거나, 혹은 침과 뜸을 맞고, 머리를 자르고, 약을 붙이는 등 여러 가지 방법으로 꾀를 써서 선발을 피하려는 자는 처벌하라. 통정대부通政大夫 이하는 관찰사가 직접 처벌하고, 가선대부 이상은 '왕령을 따르지 않는 죄'로 논하여 직첩을 회수하고 재산을 몰수하라."

며칠 후 황엄 등의 사신들이 경복궁에서 두 번째로 처녀를 선택하였다. 처녀들의 의복과 치장을 모두 중국 제도와 같게 하였다.

"이중에 그런대로 쓸 만한 이는 서너 사람 있을 뿐이다."

처녀들을 본 황엄은 권집중權執中과 임첨년任添年의 딸 등 31명을
남겨 두고 나머지는 모두 돌려보냈다.

황엄 등의 사신들은 선발된 처녀의 수가 적다며 지방에 내려가
서 직접 처녀를 선발하려고 하였다. 한첩목아韓帖木兒와 기원奇原이
대궐에 이르러 하직하자 임금이 말하였다.

"사신이 직접 지방에 가더라도 모두 농가의 계집아이인데 어디
서 미색을 얻겠소?"

두 사람이 돌아가서 황엄에게 고하였다. 황엄이 노하여 말하였다.

"우리들이 거짓으로 지방에 간다고 하여 국왕에게 성의가 있는
가를 보려 했다. 실제로 가고자 함이 아니다. 마땅히 명나라로 돌아
가겠다."

임금이 지신사 황희를 보내어 공손한 말로 말리고 나서야 그만
두었다.

처녀를 선발하기 시작하면서 전국의 백성들이 불안에 떨고 크게
동요하였다. 그런 상황은 사간원에서 아뢴 말에 잘 드러난다.

"사신이 서울에 가까이 들어오던 날에 지진의 이변이 있었고, 처
녀를 뽑기 시작한 이래로 음산한 요기를 띤 재앙이 있었습니다. 또
한 처녀를 뽑는 순찰사를 떠나보낸 뒤로 여름과 가을의 환절기를
당해 메뚜기로 인한 손해가 있고, 선선한 바람이 연일 불어 재해가
여러 번 나타났습니다. 지금 다시 모든 관청들이 처녀를 숨긴 자를
조사하여 재산을 몰수하고, 아전과 시골의 부녀자를 잡아 가두어
매질하고 있습니다. 마을 사람들이 원통하게 울부짖어 화기를 상하

명나라 황제 영락제 초상화

게 합니다."

참으로 목불인견의 참상이 전국에 걸쳐 벌어지고 있었던 것이다.

한 달여 뒤인 8월 19일 황엄 등이 경복궁에서 각 도에서 올라온 처녀 80명 중에 7명을 선발하였다. 이때 황해도 순찰사 여칭이 돌아와서 황엄에게 말하였다.

"권문의權文毅의 딸이 지닌 자색이 권집중의 딸보다 못하지 않다."

황엄이 지평주사知平州事 권문의의 딸이 지닌 뛰어난 미모를 하루 속히 보고 싶어 했다. 권문의는 딸이 병이 났다 핑계 대고 시일을 오래 끌며 떠나보내지 않았다. 의정부에서 지인知印 양영발楊榮發을 보내어 독촉하였다. 권문의가 마지못해 딸을 치장해 길을 떠나는 체하였다. 양영발이 말을 달려 한양으로 돌아가자 결국 권문의는 딸을 보내지 않았다. 황엄이 노하여 말하였다.

"권문의처럼 벼슬이 낮은 관리도 국왕이 제재하지 못한다. 하물며 문벌 높은 집안에 미색이 있다 한들 어찌 내놓으려 하겠는가?"

황엄의 말을 듣고 임금이 노하여 권문의를 하옥하게 하였다.

9월 2일 다시 처녀를 선발하기 위해서 순찰사를 각 도에 파견하였다. 9월 13일 황엄 등이 경복궁에서 그동안 뽑은 처녀 200여 명 중 50명을 선발하였고, 10월 6일에는 서울과 지방에서 온 300여 명 중 추가로 처녀 44명을 선발하였다. 그해 8월부터 10월까지 약 3개월 동안 전국에서 580여 명이 뽑혀서 올라왔고 이중 101명을 추렸다.

10월 11일 임금이 경복궁에 가서 황엄 등과 함께 101명의 처녀들 중 최종적으로 5명을 선발하였다. 최종적으로 뽑힌 5명 가운데고 전서 권집중의 딸이 첫째이고, 전 전서 임첨년, 전 지영주사知永州事 이문명李文命, 사직 여귀진呂貴眞, 수원 기관 최득비崔得霏의 딸이 다음이었다. 그녀들에게 술과 과실을 주고 각각 비단으로 만든 중국식의 옷을 주었다.

임금이 환궁하여 대언代言들에게 이르렀다.

"황엄이 선정한 등수가 틀렸다. 임씨는 곧 관음보살의 상과 같아서 애교와 태도가 없고, 여씨는 입술이 넓고 이마는 좁다. 그게 무슨 인물이냐?"

황엄이 예쁘다고 선발한 처녀들이 임금에게는 별로였다는 말이다. 한국인과 중국인의 심미관이 이다지도 달랐단 말인가. 아니면 그런 말로 조선 처녀를 보내는 마음을 위로라도 한 것일까.

11월 12일 황엄 등의 사신들이 처녀 5명을 데리고 남경으로 출발하였다. 임금이 모화루慕華樓에서 전송하였고, 예문관 대제학 이문화李文和를 진헌사進獻使로 삼아 함께 떠나도록 하였다. 처녀들을 따라가며 시중을 드는 사람들도 함께 갔다. 여종과 유모 16명, 화자 12명이었다. 처녀들이 출발하자 부모와 친척들의 울음소리가 길에 가득하였다고 한다. 5명의 처녀들은 명나라에 가서 모두 3대 황제 영락제의 후궁이 되었다. 이 중 권집중의 딸은 영락제의 황후 현비 권씨가 된다.

당시 명나라로 끌려간 처녀들의 생년월일과 아버지의 직명, 본관 등을 자세히 기록하여 보냈는데, 내용을 보면 다음과 같다. 아버지의 관직이 실제와 다른 이유는 명나라에 잘 보이기 위하여 관직을 올려 기록하였기 때문이다.

권씨 처녀 : 가선대부 공조 전서 권집중의 딸, 나이 18세, 신미년辛未年1391 10월 26일 사시巳時 출생, 본관은 경상도 안동부, 현재 한성부에 거주.

임씨 처녀 : 통훈대부通訓大夫 인녕부仁寧府 좌사윤左司尹 임첨년의

딸, 나이 17세, 임신년壬申年1392 10월 26일 술시戌時 출생, 본관은 충청도 회덕현, 현재 한성부에 거주.

이씨 처녀 : 통덕랑通德郞 공안부恭安府 판관 이문명의 딸, 나이 17세, 임신년 10월 18일 술시 출생, 본관은 경기도 인주.

여씨 처녀 : 선략장군宣略將軍 충좌시위사忠佐侍衛司 중령호군中領護軍 여귀진의 딸, 나이 16세, 계유년癸酉年 1393 11월 초2일 사시 출생, 본관은 황해도 곡성군, 현재 한성부에 거주.

최씨 처녀 : 중군 부사정副司正 최득비의 딸, 나이 14세, 을해년乙亥年 1395 10월 초8일 오시午時 출생, 본관은 경기도 수원.

길창군吉昌君 권근이 애달픈 시를 지어 처녀들을 전송하였다.

"구중궁궐에서 요조숙녀를 생각하여
만 리 밖에서 미인을 뽑는다.
수레는 멀리 나아가고
조선은 점점 아득하여진다.
부모를 하직하니 말이 끝나기 어렵고,
눈물을 참자니 씻으면 도로 떨어진다.
슬프고 섭섭하게 서로 떠나는 곳에
여러 산들이 꿈속에 들어와 푸르도다.

이보다 먼저 공녀의 아픔을 담은 동요도 불렀다고 한다.

보리가 익으면 보리를 구해야 하고,

해가 저물면 계집아이를 구한다.

나비도 오히려 눈이 있어

아직 꽃 피지 않은 가지를 와서 택한다.

조선 태종은 명나라 영락제가 보낸 비단 30필에 전국 사찰에 흩어져 있는 부처의 사리 800과와 맞바꾸어야만 했다.

38
부처의 사리를
강제로 조공 받은
명나라

조선 초기에는 고려의 숭불 풍조가 남아 사찰만이 아니라 왕실이나 개인들이 사리를 수집하여 간직하고 있었다. 특히 태조는 불교에 매우 호의적이어서 부처의 진신사리眞身舍利를 모시는 사리전舍利殿을 건립하기도 했다.

태조 5년 2월 개성 송림사松林寺에 있던 불골佛骨, 즉 부처의 두개골 사리를 한양으로 옮기도록 하였다. 원래 통도사通度寺에 보관되어 있었는데, 왜구 때문에 송림사에 옮겨 놓았다가 사람을 보내어 가져오게 하였다.

2년 후인 태조 7년 5월에 군인 50명을 동원하여 한양의 흥천사

263

興天寺 북쪽에 사리를 보관할 3층의 사리전과 사리탑을 건축하도록 명하였다. 얼마 후 태조는 직접 홍천사에 거동하여 사리전을 지을 터를 시찰하며 조속한 완공을 당부하기도 했다. 임금이 공사 책임자인 감역제조監役提調 김주金湊에게 말했다.

"이 사리전은 건축을 원한 지가 오래되었다. 지금 일을 마치지 않으면 후일에 말릴 사람이 있을까 염려된다. 마땅히 빨리 성취하여 나의 원망에 보답하라."

부처의 진신사리를 모시는 사리전이 완공되자 태조가 들어가 부처에게 예를 드렸다. 부처의 이에서 나온 사리 네 개와, 두개골 사리, 가사 등은 석탑 속에 두게 하였다.

태종 11년에 사리전이 황폐화되고 사리탑이 기울었다. 임금은 사리전을 중수하고 사리탑을 수리하게 하였다. 임금이 홍천사의 주지에게 호통을 쳤다.

"사리전은 곧 태조께서 세우셔서 내 일찍이 잊지 못한다. 너희들은 불씨佛氏의 무리들인데, 어찌하여 불경함이 이에 이르렀는가? 중의 행실은 이러한 것인가?"

임금은 앞으로 내시를 보내 감시할 것이라며 조석으로 조심하여 게을리하지 말라고 명하였다. 이처럼 임금들도 애지중지한 사리를 명나라에서 보내라고 요구하였다. 기가 찰 일이 아닐 수 없었다.

부처나 승려들의 유골인 사리는 매우 귀하고 희소해서 수량이 많지 않았을 것이다. 조선에 사리가 많다는 소문이 중국에 퍼져 있었는지, 명나라의 황제까지 사신을 보내어 사리를 구해 오도록 하였다. 불교를 크게 숭상한 3대 황제 영락제였다.

태종 7년 5월에 황엄과 기원이 칙서를 들고 와서 사리를 달라고 청하였다. 칙서에서 영락제는 특히 이태조가 소장하고 있는 사리를 보내라고 요구하였다.

"왕의 아버지가 전에 사리를 가지고 있었는데, 지금 양주의 천보산 등지에 있다고 들었다. 지금 태감太監 황엄 등을 시켜 사리를 맞아 오고자 한다. 보내 줄 수 있겠는가?"

칙서와 함께 영락제는 사례비 명목으로 왕과 왕비에게 각각 비단 30필을 보냈다.

사리를 보내 달라는 요구를 받은 조정에서는 전국의 사찰에 관리들을 파견하여 사리를 구하는 소동을 벌였다. 충청도에서 45과顆, 경상도에서 164과, 전라도에서 155과, 강원도에서 90과 등 총 454과를 얻었다. 이중 400과를 추리고, 여기에다 태조가 지닌 300과와 태종이 지닌 100과를 보태어 모두 800과의 사리를 은합과 옥합에 넣어서 명나라에 보냈다.

세종 1년1419 8월에도 황엄이 와서 사리를 요구하였다. 황제는 황엄을 통해 칙서를 보내었다.

"조선의 석탑과 사탑寺塔 속의 사리는 수효가 몇 개임을 묻지 말고 얼마가 되든지 모두 보내라. 다른 절 안에 있는 사리도 보내라."

황엄은 사리를 빨리 달라고 독촉까지 하였다.

"황제께서 칙명으로 사리를 구해 오라 하셨다. 내가 늙고 병들어서 빨리 서울로 돌아가야 하니 속히 주었으면 좋겠다."

이번에도 예조에서 관리를 각 도로 보내어 사리를 구하게 하였다. 사리가 모이자 558과의 사리를 황엄이 가져가도록 하였다. 태종과 세종을 거쳐 모두 1,358과의 사리를 명나라에 보내야 했다. 우리의 귀중한 문화유산을 약탈당한 것과 마찬가지였다.

흥천사 〈극락구품도〉
흥천사는 태조 계비인 신덕황후 강씨의 능인 정릉을 지키기 위해 창건됐다.

조선 왕조 세계도

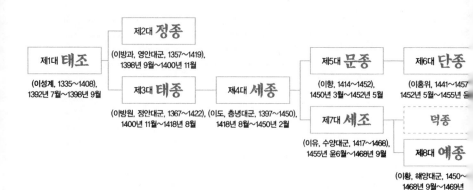

제2대 **정종**

(이방과, 영안대군, 1357~1419),
1398년 9월~1400년 11월

제1대 **태조**

(이성계, 1335~1408),
1392년 7월~1398년 9월

제3대 **태종**

(이방원, 정안대군, 1367~1422),
1400년 11월~1418년 8월

제4대 **세종**

(이도, 충녕대군, 1397~1450),
1418년 8월~1450년 2월

제5대 **문종**

(이향, 1414~1452),
1450년 3월~1452년 5월

제6대 **단종**

(이홍위, 1441~1457
1452년 5월~1455년 윤

제7대 **세조**

(이유, 수양대군, 1417~1468),
1455년 윤6월~1468년 9월

덕종

제8대 **예종**

(이황, 해양대군, 1450~
1468년 9월~1469년

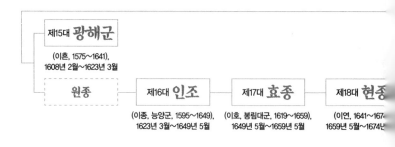

제15대 **광해군**

(이혼, 1575~1641),
1608년 2월~1623년 3월

원종

제16대 **인조**

(이종, 능양군, 1595~1649),
1623년 3월~1649년 5월

제17대 **효종**

(이호, 봉림대군, 1619~1659),
1649년 5월~1659년 5월

제18대 **현종**

(이연, 1641~167
1659년 5월~1674년

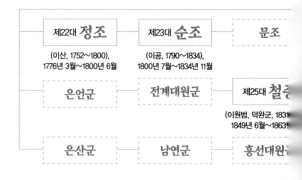

제22대 **정조**

(이산, 1752~1800),
1776년 3월~1800년 6월

제23대 **순조**

(이공, 1790~1834),
1800년 7월~1834년 11월

문조

은언군

전계대원군

제25대 **철**

(이원범, 덕완군, 1831
1849년 6월~1863

은산군

남연군

흥선대원

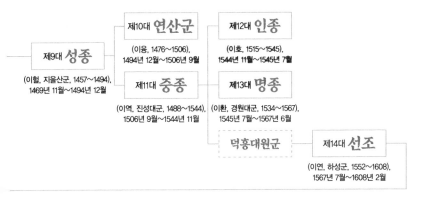

제9대 **성종**
(이혈, 자을산군, 1457~1494),
1469년 11월~1494년 12월

제10대 **연산군**
(이융, 1476~1506),
1494년 12월~1506년 9월

제11대 **중종**
(이역, 진성대군, 1488~1544),
1506년 9월~1544년 11월

제12대 **인종**
(이호, 1515~1545),
1544년 11월~1545년 7월

제13대 **명종**
(이환, 경원대군, 1534~1567),
1545년 7월~1567년 6월

덕흥대원군

제14대 **선조**
(이연, 하성군, 1552~1608),
1567년 7월~1608년 2월

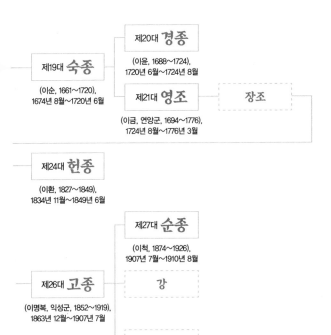

제19대 **숙종**
(이순, 1661~1720),
1674년 8월~1720년 6월

제20대 **경종**
(이윤, 1688~1724),
1720년 6월~1724년 8월

제21대 **영조**
(이금, 연잉군, 1694~1776),
1724년 8월~1776년 3월

장조

제24대 **헌종**
(이환, 1827~1849),
1834년 11월~1849년 6월

제26대 **고종**
(이명복, 익성군, 1852~1919),
1863년 12월~1907년 7월

제27대 **순종**
(이척, 1874~1926),
1907년 7월~1910년 8월

강

은

1300	1392년	고려 멸망, 7월 태조 이성계 즉위
	1393년	국호 〈조선〉
	1394년	수도 한양 천도, 《조선경국전》 편찬
	1395년	경복궁 완성
	1397년	《경제육전》 간행
	1398년	제1차 왕자의 난 발발, 태조, 세자 방과(정종)에게 선위함
1400	1400년	제2차 왕자의 난 발발, 정종, 방원(태종)에게 선위함
	1402년	무과의 법 처음 실시
	1413년	호패제 실시, 8도 지방행정조직 완성, 《태조실록》 편찬
	1418년	태종, 세자(세종)에게 선위함
	1420년	세종, 집현전 확장함
	1423년	《고려사》 편찬
	1424년	조선통보 주조 발행
	1432년	《삼강행실도》 편찬
	1434년	앙부일구(해시계) 제작으로 시간 측정함
	1443년	훈민정음 28자 창제
	1445년	《용비어천가》 완성
	1446년	훈민정음 반포.
	1453년	계유정난 발생
	1455년	단종, 수양대군(세조)에게 선위함
	1456년	성상문 등 6명 신하 사형
	1466년	직전법 실시
	1470년	《경국대전》 완성
	1484년	창경궁 완성
	1493년	《악학궤범》 완성
1500	1506년	연산군 폐위한 중종반정 발발
	1511년	《삼강행실》 반포
	1530년	《신증동국여지승람》 완성
	1554년	비변사 설치
	1559년	황해도 의적 임꺽정 등장
	1560년	이황, 도산서원 건립
	1562년	임꺽정 사형됨
	1592년	임진왜란 발발, 거북선 출전, 옥포・한산도 대첩
	1593년	행주대첩. 이순신, 삼도수군통제사로 부임함
	1594년	훈련도감 설치
	1597년	정유재란, 명량대첩
	1598년	이순신 전사함

1600	1607년	일본에 통신사 파견
	1608년	경기도에 대동법 실시
	1610년	《동의보감》 완성
	1623년	광해군 폐위한 인조 반정 발발
	1627년	정묘호란 발발
	1636년	병자호란 발발
	1653년	하멜, 제주도 표착함
	1678년	상평통보 주조
1700	1701년	장희빈 사사됨
	1708년	전국 대동법 실시됨
	1711년	북한산성 축성
	1713년	8도에 암행어사 파견
	1725년	탕평책 실시
	1750년	균역청 실시, 균역법 실시
	1776년	정조 즉위, 규장각 설치
	1791년	가톨릭교도 윤지충 처형
1800	1801년	신유박해 실시
	1811년	홍경래의 난 발발
	1846년	김대건 신부 순교
	1860년	최제우, 동학 창시함
	1861년	김정호, 《대동여지도》 완성
	1866년	미국 상선 제너럴 셔먼호, 불에 탐. 병인양요 발발
	1867년	경복궁 근정전, 경회루 완성
	1871년	신미양요, 서원 철폐, 척화비 건립
	1876년	일본과 강화도 조약 체결
	1879년	지석영, 종두법을 전래함
	1882년	임오군란 발발.
	1883년	《한성순보》 발간. 태극기를 국기로 정함.
	1884년	우정국 설치. 갑신정변 발발
	1894년	동학농민운동 발생, 갑오개혁 시작, 청일전쟁
	1895년	명성왕후 시해(을미사변), 단발령 · 태양력 실시
	1896년	《독립신문》 발간, 독립협회 설립, 아관파천
	1897년	대한제국 건립, 경인선 철도 기공, 경운궁 전화 가설
	1898년	만민공동회 개최, 명동성당 건립
	1899년	경인선 개통
1900	1900년	한강철교 준공,
	1901년	경부선 철도 착공
	1904년	한일의정서 조인, 경부선 준공, 러일전쟁 발발
	1905년	을사늑약 체결, 경의선 개통, 《대한매일신보》 발간
	1906년	통감부 설치, 동학, 천도교로 개칭함
	1907년	국채보상운동 발생, 헤이그 특사 파견, 고종 강제 퇴위됨,
	1909년	안중근, 이토 히로부미 사살함, 사법권 일본으로 이양됨
	1910년	한일합방조약 강제 체결, 조선왕조 마감

조선사 아는 척하기

초판 1쇄 인쇄 2018년 10월 24일
초판 1쇄 발행 2018년 10월 30일

지은이 정구선
일러스트 이석준

펴낸이 박세현
펴낸곳 팬덤북스

기획위원 김정대 · 김종선 · 김옥림
편집 이선희
디자인 심지유
마케팅 전창열

주소 (우)14557 경기도 부천시 부천로 198번길 18, 202동 1104호
전화 070-8821-4312 | **팩스** 02-6008-4318
이메일 fandombooks@naver.com
블로그 http://blog.naver.com/fandombooks

출판등록 2009년 7월 9일(제2018-000046호)

ISBN 979-11-6169-062-9 03910

※ 이 책은 《조선을 뒤집은 황당무계 사건들》의 개정판입니다.